Coleção Vértice
14

FIDELIDADE

JAVIER ABAD GÓMEZ

FIDELIDADE

2ª edição

Tradução
Emérico da Gama

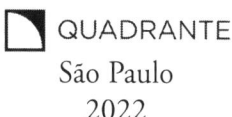

São Paulo
2022

Título original
Fidelidad

Copyright © 1989 by Javier Abad Gómez

Capa
Gabriela Haeitmann

Dados Internacionais de Catalogação na Publicação (CIP)
(Câmara Brasileira do Livro, SP, Brasil)

Abad Gómez, Javier
 Fidelidade / Javier Abad Goméz; tradução de Emérico da Gama. – 2ª ed. – São Paulo, SP : Quadrante Editora, 2022. – (Coleção vértice; 14)
 Título original: *Fidelidad*.
 ISBN: 978-85-54991-94-4
 1. Fé 2. Fidelidade 3. Lealdade I. Título.

22-116061 CDD-234.13

Índice para catálogo sistemático:
1. Fidelidade e fé : Cristianismo 234.13

Eliete Marques da Silva - Bibliotecária - CRB-8/9380

Todos os direitos reservados a
QUADRANTE EDITORA
Rua Bernardo da Veiga, 47 - Tel.: 3873-2270
CEP 01252-020 - São Paulo - SP
www.quadrante.com.br / atendimento@quadrante.com.br

Sumário

Introdução	7
Por que este livro?	7
Estará em crise a fidelidade?	10
O que é a fidelidade	13
Exemplos de fidelidade	16
Os heróis escondidos da fidelidade	18
O paradigma da fidelidade	21
Fidelidades ignoradas	23
A raiz e os níveis da fidelidade	27
A fidelidade de Deus	27
A hierarquia na fidelidade	30
Os pressupostos da fidelidade	33
As quatro dimensões da fidelidade	41
Ao encontro do outro	41
Dar um lugar no coração	43
Coerência	45
O amor é mais forte que a dor	46
A alegria de ser fiel	48
Fidelidade e felicidade	51
Fonte de unidade e de alegria	52
Uma razão para viver	54

Fidelidade e amor	56
Ser fiel é saber amar	57
Cartas sobre a fidelidade	61
Fidelidade à fé	65
Carta a Maggie	65
Carta de um universitário	68
Resposta ao universitário	69
Fidelidade matrimonial	81
Carta a um amigo	81
Fidelidade à verdade	91
Carta a um jornalista	91
Fidelidade ao trabalho	101
Carta a meu pai	101
Fidelidade à vocação	109
Cartas de uma mãe aflita	109
Resposta à mãe	113
Fidelidade à Igreja	123
Carta a um sacerdote que acaba de falecer	123
Uma nova carta	125
Fidelidade ao celibato	137
Carta de uma leitora	137
Liberdade no amor	140
O celibato, plenitude de amor	142
Os recursos do amor	145
Fidelidade no pequeno	149
A fidelidade, virtude acessível	151
O valor sobrenatural das pequenas coisas	152
O entrançado das pequenas coisas	155
Virgem fiel, rogai por nós	157

Introdução

Por que este livro?

Era um domingo. Como é que foi? Não me lembro. Mas lembro-me, sim, de onde me encontrava. Estava escuro lá fora. Embora estivesse com febre, tinha o corpo frio. Mas a alma não. Era dezembro. Lembro-me porque o Natal penetrava pelas janelas e pelas portas. Aquele Menino – o texto sagrado chama-o *testemunha fiel e veraz* (Ap 3, 14) – acabava de nascer no presépio de Belém e no espírito dos humildes. O lugar, um tranquilo remanso construído com grande esforço pelo amor de Deus para despertar consciências e repor energias.

Transportado nas asas da imaginação, encontrei-me numa região longínqua, a mil quilômetros de mim mesmo. Senti-me introduzido pelo próprio autor num infernal segredo da *Divina comédia*. Nem bem me tinha refeito da surpresa de tão súbita entrada no dantesco Averno, e já o poeta, com ademãs suaves, me convidava a continuar a caminhar, animando-me a cada passo com gesto compreensivo. Dobramos uma esquina, deixando à direita a entrada de uma caverna, quando de repente se me gelou o coração. O sangue não parecia fluir pelas minhas veias. Todo o meu ser ficou paralisado, como quem vê subitamente alguma coisa que o assombra e não sabe se acreditar ou não. Assim fiquei. O que vi, não quereria escrevê-lo.

Achavam-se diante de mim alguns que na terra deviam ter sido mestres e guias. Tinham a pele envolta em chamas, uma pele enegrecida com manchas avermelhadas. Seres ilustres em títulos e em nome, desejosos de falar; mas, mal abriam os lábios, um cão feroz, como os que acompanham os pastores com o seu gado, se lançava sobre eles e lhes estraçalhava a dentadas a boca e a língua. O rosto contraído pela dor expressava a angústia do silêncio, não menos que o sofrimento de suas carnes despedaçadas.

Quem me conduzia por tão penoso lugar olhou-me sem dizer palavra. Pedi-lhe que me permitisse conversar com uma dessas criaturas por quem nutrira apreço nesta terra e cujo suplício agora ameaçava enlouquecer-me. Queria saber a causa de tão horrível sofrimento. Obtive licença, e o enorme cachorro permitiu que o homem mais próximo, de aspecto venerável, me falasse. Disse-me assim:

– Sei que te espanta ver-nos tratados desta maneira, a mim e a tantos de quem terias esperado melhor destino depois da morte. Estamos encerrados num abismo de fogo por não termos sido fiéis à nossa missão de atalaias e não termos falado a tempo.

Quase não entendi o que me queria dizer e balbuciei:

– Mas por acaso o vosso silêncio não denotava comedimento, não demonstrava prudência e granjeava amizades entre os inimigos?

– A nossa missão na terra exigia que déssemos a conhecer a verdade, que disséssemos onde estavam o bem e o mal. Mas, pensando que fazíamos o que devíamos, deixamos sem o alimento da boa doutrina o rebanho que nos tinha sido confiado. Não apontamos o caminho certo, e muitos se extraviaram. Agora, as nossas línguas estremecem, desejosas de dizer de mil formas o que outrora silenciamos, mas o cão-pastor já não nos deixa. Despedaça-nos a boca com seus dentes, e sofremos duplamente de dor e mordaça.

Não soube que dizer-lhe. Comovido, senti que a minha língua se colava ao paladar. Vendo-me nesse estado, com os olhos sangrando tristeza, o ancião quis consolar-me, mas, ao abrir os lábios, o horrível mastim novamente lhe mordeu a boca.

Quando voltei à realidade, tentei resolver o enigma, abalado pela nova consciência da responsabilidade que tenho de ser fiel à Palavra de Deus. Devo fazer frente à grande crise ideológica que, como vendaval furioso, varre o mundo inteiro em todos os seus níveis. Crises: de verdade, de fé, de otimismo, de esperança e de luz; hedonismos e materialismos consumistas; desamor pela vida e pela pureza de pensamento; mentiras. Arrastados por uma onda infernal, desmoronam-se lares e desagregam-se famílias; caem na solidão os que deveriam viver em companhia; atraiçoa-se a amizade; roubam-se a paz e os bens; obscurece-se a doutrina. Semeiam-se dúvidas onde deveria reinar a certeza. Surgem suspeitas onde deveria estabelecer-se a segurança. A palavra empenhada parece ter perdido o seu valor. Os compromissos pouco se respeitam. É como se a fidelidade, virtude definitiva nas relações com Deus e com os homens, tivesse caído por terra de vez.

Estas páginas desejariam ser a expressão daqueles que sabem que a fidelidade e a lealdade são virtudes que urge resgatar do caos neste mundo de mentiras e de medo ao compromisso duradouro, à palavra que obriga por toda a vida. Hoje mais do que nunca, pode-se dizer, glosando a Sagrada Escritura, que uma pessoa fiel é como um tesouro escondido pelo qual vale a pena atravessar o mundo inteiro. O Espírito Santo – como se estivesse inquieto – interroga-se: *Quem achará um homem fiel?* (Pr 20, 6).

Estará em crise a fidelidade?

Ou não devemos antes pensar que as virtudes, quando são autênticas, nunca experimentam situações críticas? É mais verdadeira esta hipótese. Somos nós os homens que, por imaturidade, confundimos os valores e, como crianças, os abandonamos.

Diz-se com insistência que «a mudança é o sinal dos tempos», que já não é possível exigir compromissos, nem mesmo para um futuro próximo.

– Viemos procurá-lo para que nos descase, disse um casal ao seu pároco.

– Mas por quê?

– Chegamos à conclusão de que não fomos feitos um para o outro.

Era evidente o desconcerto do pároco.

Não é um exemplo isolado, por mais infantil que pareça. Muitos sustentam sem o menor constrangimento que não se pode comprometer o dia de amanhã sem saber o que pode vir a acontecer no futuro. Reclamam o direito de romper qualquer obrigação que tenham contraído, se as circunstâncias mudarem. Mas, no fundo, alguma coisa diz *não* a essa atitude instável, passageira. Um grito de protesto surge do mais fundo da alma diante de tanta deslealdade, de tantas traições e falsidades que vêm destruindo as relações humanas.

A palavra tem que continuar a ser um compromisso supremo, um baluarte em que se apoie a confiança. Quando um filho recorre ao seu *pai*, não é apenas porque recebeu desse homem a vida, mas porque espera dele uma conduta responsável. Do *professor*, o aluno confia receber conhecimentos válidos para o aperfeiçoamento da sua personalidade e da sua inteligência. Os passageiros de um avião têm o direito de descansar tranquilos enquanto o *piloto* se encarrega de conduzir a nave a bom destino. Quando damos a alguém o belo título de *amigo*, é porque podemos abrir-lhe a nossa alma, dispensar-lhe o nosso afeto, sem medo de encontrar pela frente um Judas.

«Um marido, um soldado, um administrador é sempre tanto melhor marido, tanto melhor soldado, tanto melhor administrador quanto mais fielmente souber corresponder, em cada momento, perante cada nova circunstância da sua vida, aos firmes compromissos de amor e de justiça que um dia assumiu. A fidelidade delicada, operativa e constante – que é difícil, como é difícil qualquer aplicação de princípios à realidade mutável do que é contingente –, é por isso a melhor defesa da pessoa contra a velhice de espírito, a aridez de coração e a anquilose mental»[1].

Estas palavras servem-nos para tocar o tema da virtude da fidelidade num mundo que grita: «A minha marca distintiva é a mudança». Confirmam-nos na ideia de que encontrar um homem ou uma mulher fiel é descobrir um verdadeiro tesouro.

---

(1) Josemaria Escrivá, *Entrevistas com mons. Escrivá*, Quadrante, São Paulo, 2016, n. 1.

O que é a fidelidade

A fidelidade é um hábito bom, uma atividade voluntária e permanente, uma força que inclina a cumprir com sinceridade e valentia os compromissos adquiridos, as promessas feitas e a palavra dada.

Pode-se defini-la como *o devotamento voluntário prático e completo de uma pessoa a uma causa*[1]. Um homem é fiel quando considera que determinada causa é digna do seu empenho; quando se consagra de maneira voluntária e completa a esse empreendimento; quando a ele se dedica de forma contínua e prática, trabalhando firmemente a seu serviço.

Em três palavras, fidelidade é não limitar-se a seguir os impulsos próprios, mas viver valores que ultrapassam a temporalidade da pessoa e mantê-los livre e generosamente. A pessoa fiel encontrou a melhor expressão do amor, e, por isso, é feliz com as exigências que a

---

(1) Josiah Royce, *Filosofía de la fidelidad*, Hachette, Buenos Aires, 1949, p. 34.

sua fidelidade lhe impõe. Não é questão de sentimentos passageiros, mas de uma decisão não sujeita aos vaivens da sensibilidade. Todo aquele que, seguindo os ditames da sua consciência – bem formada e reta –, é capaz de vencer os caprichos de um egocentrismo sentimental e pueril, e sabe conservar – mesmo com esforço – a adesão prometida ou o acordo combinado, merecerá sempre a nossa plena confiança. Ainda me lembro da emoção que me produziu, aos meus assombrados quinze anos, a galharda atitude de meu pai ante as dolorosas consequências econômicas que se seguiriam ao cumprimento da sua singela palavra. Tinha arrendado um terreno com o fim de plantar trigo. Pela promessa verbal feita ao dono do campo, devia devolvê-lo passados seis meses. Mas os grãos não chegaram a madurar naquele espaço de tempo. O dono, de maneira pouco razoável, exigiu a devolução da gleba.

– Podemos entrar em juízo, pai – atrevi-me a insinuar-lhe.

Não me cabia na cabeça que se pudesse perder o esforço cheio de esperança de tantos meses de trabalho.

– Eu dei a minha palavra, filho – foi a sua única resposta.

Chegado o dia, a terra com os seus frutos voltou às mãos do proprietário. E perdeu-se o dinheiro, pura e simplesmente. É o preço com que às vezes se compra a dignidade, se adquire credibilidade e se manifesta honradez, mais valiosas estas do que o resto. «Se os desavergonhados soubessem o bom negócio que é ser honesto – dizia-me meu pai brincalhonamente –, seriam honestos por negócio». Os que o conheceram de perto costumavam estimular-nos, a todos os seus filhos, a imitá-lo: «A sua palavra merece todo o respeito e tem o mesmo valor de uma escritura registrada em cartório. É lei de ouro puro».

O Fundador do Opus Dei, a quem também me ligam indissolúveis vínculos de filiação, costumava repetir-nos naqueles serões inesquecíveis de 1956 a 1959: «Dou mais valor à palavra de um meu filho do que ao testemunho unânime de cem notários que me afirmassem o contrário». Com estas palavras, animava-nos a dizer sempre a verdade, a manter-nos fiéis à vocação que, com amorosa providência, Deus nos tinha ofertado. Estimulava-nos a ser constantes por cima dos obstáculos e das contrariedades, sem fazer caso da doença ou da dor. Assegurava-nos que desse modo levaríamos a cabo um trabalho de fecunda ação apostólica. Causa-me alegria recordar o seu sentido sobrenatural quando nos falava do amor que Deus nos tem ao permitir que o trabalho que nos confia dependa quase exclusivamente da nossa fidelidade. É um compromisso que nos obriga – livremente! – a viver inteiramente dedicados ao Senhor, querendo que Ele domine de modo soberano e total o nosso ser, mesmo que isso exija sacrifício e renúncia. «Deus necessita-nos fiéis», repetia continuamente.

Estas duas atitudes convergentes, que o afeto filial me obriga a transcrever com agradecimento, respondem perfeitamente aos que perguntam como se pode ser fiel num mundo cambiante, instável e transitório.

Exemplos de fidelidade

São muitos os exemplos que se podem oferecer como protótipos de fidelidade.

O capitão que luta com denodo para salvar o seu barco e a sua tripulação; o soldado que consagra todas as suas forças à pátria, arriscando a vida; o mártir que, por devoção a uma verdade de fé, não receia a morte que o ameaça..., são arquétipos de fidelidade.

Mas não são os únicos. Seria necessário mencionar também o homem que se expõe à maledicência para defender e permanecer ao lado do amigo ultrajado; ou o comerciante que deu a sua palavra num negócio e está disposto a renunciar às vantagens pessoais para cumprir o pactuado; ou o empregado que, tentado pela concorrência, se nega a revelar um segredo profissional e prefere privar-se do lucro que lhe oferecem para ser fiel à sua empresa.

Seria necessário falar dos varredores de rua, constantes nas suas madrugadas frias para que a cidade amanheça limpa; do carteiro que nunca perde uma carta; do lojista que não adultera os pesos; do leiteiro que não mistura água no leite; do político que cumpre o que prometeu na sua campanha eleitoral.

A fidelidade pode ser vivida nos níveis mais altos e nos mais humildes de toda a comunidade: por um chefe de Estado ou pelo mais pobre dos camponeses; pelo homem disposto a todos os heroísmos para alcançar a santidade ou por aquele que procura com toda a alma um legítimo interesse humano; por aquele que está imerso no corre-corre de uma intensa vida social ou pelo pesquisador solitário e pelo eremita isolado.

Podemos encontrá-la em pessoas colocadas nas alturas da responsabilidade religiosa ou civil e no longínquo faroleiro de uma pequena ilha; na intimidade do lar, nas relações marido-mulher ou no âmbito do Parlamento ou de uma assembleia internacional; no presidente de um banco ou no seu office-boy; naquele cujas decisões fazem o mundo tremer ou naquele que se propõe trazer os sapatos bem engraxados todos os dias. Todos temos o dever e a oportunidade de ser fiéis a alguém ou a alguma coisa. E, evidentemente, temos deveres de lealdade para com Deus e para conosco próprios.

Uma vida fiel é uma vida completa, seja qual for a ocupação em que o homem se desgaste até o fim e a transcendência da missão que tenha. A fidelidade leva-nos a compreender a importância das menores peças de uma engrenagem enorme, de uma peça minúscula num complicado jogo de relojoaria. Que bem o expunha o autor de *Caminho* quando escrevia:

«Não sejas... bobo. É verdade que fazes o papel – quando muito – de um pequeno parafuso nessa grande empresa de Cristo.

«Mas sabes o que significa o parafuso não apertar o suficiente ou saltar fora do seu lugar? Cederão as peças de maior tamanho, ou cairão sem dentes as rodas.

«Ter-se-á dificultado o trabalho. – Talvez se inutilize toda a maquinaria.

«Que grande coisa é ser um pequeno parafuso!»[2]

Os heróis escondidos da fidelidade

Tornaram-se clássicos os exemplos daqueles que, em gesto heroico, souberam dar a vida por uma causa. Não obstante, prefiro destacar o valor extraordinário dos seres humildes, obscuros, que se gastam – fiéis! – sem a preocupação de deixar para os poetas e historiadores o dever de mencionarem as suas gestas.

Aí estão, para começar por algum lado, as empregadas domésticas, que consomem a sua existência ano após ano, sorridentes, serenas, percorrendo todos os dias os mesmos corredores, contemplando o mesmo horizonte – ou nenhum –, sofrendo invariáveis cansaços sem protestar.

Durante mais de vinte anos, eu vi Maria do Carmo cozinhar, servir à mesa, arrumar a casa, preparar por ini-

---
(2) Josemaria Escrivá, *Caminho*, Quadrante, São Paulo, 2022, n. 830.

ciativa própria sobremesas e biscoitos com os quais satisfazia o paladar e alegrava as festas dos donos da casa. Fiel aos seus «amos», como os chamava. Quando as suas mãos largavam os utensílios de serviço, tomavam o livro de orações ou o terço para continuar a pedir pelas intenções que esses seus «amos» lhe confiavam para que as expusesse diante do Amo verdadeiro, o Senhor dos céus e da terra, de quem era grande amiga.

Maria do Carmo não passava por humilhações, porque a estimavam muito, mas há outras que sim. Outras cujo trabalho não é suficientemente apreciado na família nem na sociedade, cuja capacidade mental é subestimada. No entanto, são silenciosamente fiéis, sacrificadas e até agradecidas por qualquer sorriso que lhes seja oferecido.

Também se deve falar com afeto agradecido do sacerdote que atende a sua paróquia na periferia da grande cidade, nas remotas azinhagas ou no campo. É outro modelo de heroica fidelidade silenciosa, cuja vida por vezes só Deus contempla. E esta é a razão da sua alegria interior, da paz do seu espírito: Deus contempla-o, e um dia, o último na terra e o primeiro no céu, chamá--lo-á servo «bom e fiel».

O sacerdote foi escolhido para uma sublime vocação de serviço. Pertence ao gênero de pessoas a quem só se procura nas derrotas. *Segregado dos homens*, no dizer da Epístola aos Hebreus, é o ser humano esquecido pelo mundo, tal como se esvaem da memória os alicerces de um arranha-céus no centro da cidade. Chamado a servir, não tem o direito de pensar em si mesmo. Deixou de lado muitas coisas a que teria o legítimo direito de aspirar, se o próprio Deus não lhe tivesse indicado que as sacrificasse. Absorvem-no somente as coisas divinas, concretizadas nas necessidades espirituais e materiais dos seus irmãos, os homens. A sua missão sacerdotal leva-o a converter-se em palavra que anima, em conselho que encaminha, em observação que corrige. Torna-se perdão para o arrependido, misericórdia para o caído, esperança para o angustiado, consolo para ricos e pobres, pretos e brancos, bons, menos bons. Tem o perigo de sentir uma aparente solidão, que a certa altura da vida se acentua com solicitações de perpetuidade biológica. Como qualquer ser humano, quereria deixar um rasto palpável; não o satisfazem os tijolos, as torres e as salas de aula levantadas com o esforço dos seus anos moços. É que as almas redimidas, os corações que tornou felizes, a abundância de amor que espalhou, os lares que agora gozam de paz e de alegria graças à sua oração e à sua palavra alentadora, não costumam ser incluídos na indiferente cifra das frias estatísticas.

O sacerdote tem que ser fiel à sua pobreza, ainda que a gente de posses diga que é agarrado ao dinheiro. Guarda lealmente o coração para o seu Deus, ainda que muitos critiquem o afeto e paciência que derrama sobre todos. Tem que tolerar que achem que se fez sacerdote porque não teve êxito em nenhuma profissão, apesar de os seus longos anos de estudo e a profundidade dos seus conhecimentos teológicos e morais provarem ser tão capaz como qualquer profissional idôneo. Não parece produzir nada que se possa contabilizar, porque os dividendos da sua tarefa pastoral só são anotados na memória divina.

É com muita frequência o grande incompreendido. Se se aborrece, quem o desculpa? Se, na sua debilidade humana, cai derrotado pelo cansaço ou pela fragilidade, quem o levanta? É julgado com dureza e não se costuma ser benévolo com os seus erros. Quantas vezes, nos seus fracassos, se encontra terrivelmente só! Dão-se microfones e reservam-se espaços nas primeiras páginas dos jornais ao sacerdote que rejeita a fidelidade e a obediência, mas nunca se fala daquele que cumpre silenciosamente o seu dever. Talvez seja melhor assim. Servir ocultamente, sem que a sua vida brilhe, é a sua missão; nisso está toda a sua glória. Que o sacerdote continue assim, oculto e em silêncio, como a seiva na árvore – da raiz até às folhas –, sendo fonte de vida, sem brilho pessoal. Uma existência assim – e são abundantes, graças a Deus e graças à grandeza destes homens humildes – também pode ser proposta como protótipo da fidelidade.

O paradigma da fidelidade

Dentre tantos outros exemplos, há um que sobressai e que jamais poderá ser silenciado. A palavra torna-se respeitosa homenagem àquela que encarna a fidelidade por antonomásia: a mãe que o é verdadeiramente. Sobre a fidelidade das mães pode-se dizer tudo. Quantos homens e mulheres, importantes ou simples, devem o que são e o que valem ao apoio silencioso de uma boa mãe que, com a sua palavra e a sua vida, alicerçou os valores do filho, como os silhares – ocultos na terra – suportam o edifício que sobre eles se construiu, como o sangue sustenta por dentro o vigor de todo o corpo.

Vejo a mãe como a mulher essencial, como a seiva que corre dentro da árvore sem fazer alarde do seu vigor, mas cujo suco faz aparecerem os frutos e permite que os campos se encham de sorrisos floridos. É sal do lar, luz da casa, talagarça sobre a qual o tecelão divino, com mãos de amor delicado, costuma urdir a tapeçaria variegada do conjunto de virtudes dos seus filhos.

Ser mãe é ter vocação para um sofrimento que se oculta circunspecto por trás de um rosto sem sombras de amargura, impedindo que as suas próprias penas deixem sabor de tristeza nos outros. Ser mãe é conhecer os segredos da felicidade compartilhada, semear carinho, esbanjar alegria, produzir abundância de paz e serenidade no coração do esposo e dos filhos.

Talvez todos recordemos assim a nossa própria mãe. Silêncio prudente que sabe guardar no peito aquilo que a mortifica, calando o que poderia produzir o mais leve desgosto à família. Serviço constante que não aprendeu a dizer *não* nem se esquiva ante as necessidades dos que a solicitam. Presença amável, ajuda sem condições, trabalho que não se faz notar, entrega ilimitada que jamais reclama um agradecimento. Bom humor capaz de transformar a própria dor numa brincadeira, a formosa e radiante velhice num espairecimento ingênuo, a fim de divertir os netos: disposta a fazer de histrião sem dar solenidade a essas cãs conseguidas através de muitos anos de doação de si mesma.

As mães sempre se entusiasmam com qualquer pormenor que se tenha com elas, com qualquer obra de justiça dos seus filhos, que elas agradecem como excesso imerecido de bondade e carinho. As mães serão recebidas no céu por Aquela que é a Mãe de todas, a Santíssima Virgem Maria, com essa acolhida amável que Cristo anunciava aos que perseveram no bem até o fim: *Vem, servo bom e fiel: já que foste fiel no pouco, eu te confiarei o muito; vem tomar parte no gozo do teu Senhor* (Mt 25, 21).

Fidelidades ignoradas

Há uma outra fidelidade que me admira: a dos filhos jovens que, com as suas mãos, ternura e cansaço, ajudam seus pais a levar adiante uma família numerosa. Enfrentam o trabalho e a fadiga, contentes com a sua sorte. São heróis anônimos da fidelidade a uma missão penosa e exigente que lhes chegou de forma prematura, quando ainda deveriam estar dedicados aos seus jogos na deliciosa despreocupação da infância ou preparando-se com calma nos bancos de escola, para mais tarde serem úteis à sociedade e à sua gente.

É fiel o menino que sorri até o heroísmo, sem ódio ao mundo, ainda que tenha o estômago vazio; aquele que percorre os caminhos debaixo do sol ou da chuva para ir diariamente à escola sem faltar com a ajuda que deve aos seus pais no lar de camponeses. É herói na sua fidelidade aquele que trabalha como office-boy e depois, quando os outros descansam ou se divertem, começa os seus estudos noturnos num esforço que abarca dezoito horas de cada um dos seus dias: herói oculto da fidelidade, com os cabelos em desalinho mas o olhar límpido, com o gracejo nos lábios e a sagacidade nos olhos.

Como a deles, também é admirável a fidelidade de quem conserva sempre a sua alegria para fazer sorrir os outros, esquecendo-se do seu coração angustiado; a daquele que serve sem que se perceba a sua intervenção; a daquele que silencia ou disfarça a sua pena para evitar o sofrimento dos que tem à volta; a daquele que pensa primeiro nos outros porque venceu por amor a tendência inata para o egoísmo.

Encontramo-los no campo ou nas ruas da cidade, nas salas das escolas públicas e nas casas dos bairros pobres. Protagonistas discretos da história, que sem ruído se fazem grandes pelo amor com que vivem e pela humildade com que levam a cabo, em silenciosa eficácia, o seu trabalho diário: pedreiros, sapateiros, mecânicos, guardas noturnos e vigilantes diurnos da tranquilidade geral, motoristas, jardineiros. Campeões da fidelidade anônima, dignos de um pedestal que eduque as gerações que estudam para governar o país; dignos de serem imitados, não na sua miséria irredenta, mas na sua têmpera admirável, na sua coragem calada, na sua entrega submissa ao destino que a Providência, sem que possamos perguntar-nos como nem por quê, lhes confiou.

A raiz e os níveis da fidelidade

A fidelidade de Deus

A raiz primordial e a razão mais funda para nos sentirmos impelidos a ser fiéis reside na própria fidelidade de Deus. Toda a relação entre Javé e o seu povo se sintetiza como uma aliança de amor: *Eu farei de vós o meu povo, serei o vosso Deus* (Ex 6, 7). É um vínculo que nunca se poderá quebrar porque se fundamenta em que *Ele, Javé, é fiel* (Dt 32, 4) e por isso pode reclamar correspondência: *Eu quero amor fiel, não a exterioridade* (Os 6, 6).

Os Profetas recreiam-se incansavelmente na fidelidade de Deus, desse Deus tão próximo do povo judeu como nenhum deus poderia estar de outro povo. *Javé é grande em misericórdia e fidelidade* (Ex 34, 4), exclama Moisés quando o Senhor se aproxima dele na nuvem para renovar a aliança no monte Sinai. E o salmista proclama com agradecimento que *fiel é o Senhor em todas as suas palavras* (Sl 144, 13). Por isso, quando se dirige a Ele pedindo-lhe ajuda, invoca não somente a sua misericórdia infinita, mas a sua fidelidade: *Proclamei a tua lealdade [...], não ocultei a tua fidelidade à grande assembleia [...]. Faz com que a tua graça e a tua fidelidade me guardem sempre* (Sl 40, 11-12).

No Novo Testamento, os Apóstolos contemplarão permanentemente admirados essa fidelidade de Deus, ainda que muitas vezes o homem a atraiçoe: *Se o negamos, Ele permanece fiel* (2 Tm 2, 13). Esta conduta coerente do Senhor será sempre estímulo para lutar com esperança, pois *fiel é Deus, por quem fostes chamados* (1 Cor 1, 9), e *não permitirá que sejais tentados acima das vossas forças* (1 Cor 10, 13). Quando alguém cai, a fidelidade divina convida-o a levantar-se: *Se confessarmos os nossos pecados, Ele é justo e fiel, perdoa-nos e purifica-nos de toda a iniquidade* (1 Jo 1, 9).

Para correspondermos à fidelidade de Deus, nós, os homens, somos chamados a guardar-lhe lealdade: *O homem fiel será sempre louvado, terá bênçãos abundantes* (Pr 28, 20). São João insta os fiéis a *agir fielmente em tudo o que fazem* (3 Jo 5, 5), já que *somente os fiéis permanecem com Ele no amor* (Sb 3, 9).

Todas as virtudes – fé, caridade, espírito de serviço, veracidade, humildade, piedade, perseverança, zelo pelas almas, alegria... – são desdobramentos dessa atitude radical de correspondência à fidelidade de Deus, que as compreende e exige todas. A fidelidade de Deus é, pois, a causa da fidelidade humana.

A fidelidade tem também raízes naturais na imaterialidade da alma. Ela é possível porque o ser humano possui uma alma espiritual, que o impede de ficar inexoravelmente ancorado no instante fugaz de uma situação atual, encerrado nos estreitos limites da matéria que define cada circunstância, como acontece com os animais – criaturas sensitivas – e, em certo sentido, com as crianças e com as pessoas imaturas. «A alma humana está situada no limite entre os corpos e as substâncias incorpóreas, no horizonte que medeia entre a eternidade e o tempo»[1]. É como uma eternidade que começa, uma realidade que não se deixa enclausurar. Vai além, transcende as categorias do espaço e do tempo. Graças à alma, podemos projetar os nossos planos para o futuro com a experiência do passado; nela radica a capacidade de nos proporpmos metas longínquas e mesmo eternas, de prever as consequências vantajosas ou desvantajosas para a nossa decisão presente, de decidir o caminho e manter-nos nele indefinidamente[2].

Somente na alma e por meio da alma é que se podem assumir compromissos pelos quais valha a pena ser fiel. Ao corpo pertence o agora. Qualquer vínculo sen-

---

(1) São Tomás de Aquino, *Summa contra gentes*, II, 81.
(2) Cf. Antonio Orozco, *La fidelidad, un valor permanente*, em *Palabra*, Madri, abril de 1980, p. 20.

sível – que se apoia na emoção, de per si passageira – é frágil, instável, circunstancial, fruto de uma ocasião. À alma, limite da eternidade, pertence o estável, a decisão comprometida por toda a vida, o vínculo que liberta definitivamente da constrição da matéria.

Numa palavra, somente quem reconhece a dimensão espiritual do ser humano pode falar de fidelidade. E vivê-la.

A hierarquia na fidelidade

Cada objeto da virtude da fidelidade exigirá níveis diferentes de compromisso, medidas diferentes de oblação e entrega. É possível até que alguém se veja simultaneamente perante situações diversas que reclamem a sua fidelidade: precisará de critério suficiente para resolver a antinomia na sua mente e agir em consonância.

Um político pode ver-se no dilema de decidir entre a fidelidade ao partido e a fidelidade aos seus princípios morais; um empregado, entre a obrigação de zelar pelo bom nome do seu chefe e o dever social de não encobrir um delito; um jornalista, entre a sua missão de informar com veracidade sobre os fatos conhecidos com certeza e o direito à intimidade que todos os homens têm.

Entre os objetos da fidelidade há, pois, uma gradação apreciável, conforme a transcendência que tenham para a perfeição do ser. Sem uma hierarquia de valores, a fidelidade perderia a sua submissão à virtude da prudência e, com ela, a sua ordenação para o fim último – Deus – que é, em última análise, a sua razão de ser. Por isso, o primeiro de todos os nossos deveres é o de sermos fiéis a Deus e a tudo o que se relaciona com a missão que Ele atribui a cada um, e que pode chegar a manifestar-se sob a forma de um chamado particular para comprometer a vida inteira por amor.

Há, por outro lado, exigências que procedem da própria natureza, e a elas se está submetido necessariamente. O respeito à lei do crescimento das plantas obterá destas as flores mais belas e os frutos mais saborosos; o acatamento às leis da aerodinâmica elevará airosamente o planador por sobre o vale; quando a mulher capta o significado da sua maternidade, pode desenvolver todas as virtualidades de que está dotada; com o reconhecimento da nossa condição de seres racionais, dotados de liberdade e da consequente responsabilidade moral, podemos realizar o nosso destino na terra e abrir-nos ao fim sobrenatural a que somos convidados.

Pede, pois, a fidelidade que se respeitem as leis naturais, tal como Deus as estabeleceu, e que não se vá além ou contra a função que Ele atribuiu a cada coisa. Toda a campanha ecológica encontra o seu fundamento na submissão dos animais e das plantas ao bem do homem. A luta contra a discriminação de raças, cores de pele e posição social baseia-se na igualdade dos seres humanos. A impossibilidade moral de recorrer ao aborto resulta do fato de que, uma vez concebida uma nova vida, estamos já na presença de um ser humano, de um sujeito de direitos e de um portador de valores eternos. Trata-se em todos estes casos de fidelidade à natureza das coisas, tal como foram criadas por Deus.

Deve-se assim fidelidade aos preceitos morais, que requerem uma atitude filial e reverente em face da vontade expressa do Criador; neste caso, a fidelidade é sinônimo de obediência. Como também se deve fidelidade à pátria, que reclama serviços e exige do governante, do soldado, do simples cidadão uma resposta leal que corresponda às circunstâncias pessoais de cada um e que pode eventualmente chegar ao ponto de pedir-lhe o sacrifício da própria vida. Ou à amizade, que é um dos vínculos mais belos que existem e que sempre reivindicou altíssimos níveis de fidelidade mútua. Ou à empresa em que se trabalha, que gera compromissos de fidelidade às normas e critérios de organização, aos colegas, aos segredos profissionais e até aos sacrifícios que é necessário fazer para levar para a frente os objetivos sociais. Ou aos costumes sadios e tradições culturais ou de família, que representam a história viva da humanidade...

Cada uma destas realidades reclama da pessoa amadurecida, consciente e responsável, uma adesão proporcionada e hierarquizada, que compromete por cima dos caprichos egoístas, dos subjetivismos personalistas e das pretensões infantis de independência. Quem não saiba distinguir os acentos da hierarquia na fidelidade acabará por ser um fanático dos seus pontos de vista.

Os pressupostos da fidelidade

Fidelidade e verdade

A primeira de todas as fidelidades é o amor à verdade. Não se pode ser fiel sem conhecer a verdade, essa verdade que é a concordância do juízo com o ser das coisas determinado em si mesmo, não «o que me parece» ou «o que me interessa».

A inteligência pode penetrar nessa realidade interior de todas as coisas; não se limita a estudar os fenómenos, a superfície, o acidental, em prejuízo do substancial. A verdade é o fim do entendimento, o seu bem autêntico, o seu pleno repouso, a sua perfeição. Alcançar o encontro com a verdade não é privilégio de poucos; a dignidade do ser humano está precisamente na capacidade que todos temos de procurar, encontrar e servir a verdade conhecida, de aderir a ela e ordenar a vida de acordo com as suas exigências.

A fé goza do privilégio de saber com certeza que Deus é a Verdade primordial de que procedem todas as verdades. Recebemos esperançados e alegres a afirmação de Cristo: *Eu sou a verdade* (Jo 14, 6). A Verdade fez-se carne e habitou entre nós: veio cumular a mente e o coração dos homens. Por isso a inteligência humana adquire o seu autêntico valor quando se conforma com essa Verdade encarnada – Jesus Cristo – e a adota como medida suprema de juízo e de ação, sacrificando-lhe todas as opiniões, todos os caprichos ou conveniências particulares: *Eu para isto nasci e para isto vim ao mundo: para dar testemunho da verdade* (Jo 17, 37).

A Igreja de Cristo também foi constituída como coluna e alicerce da verdade, como esteio de segurança doutrinal, como voz infalível que nos garante a existência da verdade e no-la mostra com certeza, delimitando os seus extremos e ajudando-nos a precaver-nos contra os possíveis erros em tudo o que seja essencial à conduta humana. É por isso fonte de paz. A acusação de dogmatismo que lhe fazem não é no fundo senão a homenagem assombrada que lhe prestam aqueles que vivem prisioneiros das suas incertezas.

Sermos possuidores afortunados da verdade não é motivo para nos enchermos de vaidade, mas da fortaleza necessária para expô-la com convicção, defendê-la com amor e difundi-la com valentia, tanto nos territórios mais elevados da Verdade divina, como nas situações simples de resposta aos fatos cotidianos; a verdade é indivisível e estende-se luminosa através de toda essa gama de realidades das quais ela própria é o fundamento. Como queria Santo Agostinho, «sem soberba, estamos orgulhosos da verdade».

A fidelidade pressupõe e exige que a verdade não se submeta ao capricho nem a supostas evoluções, ou mesmo à sua maior ou menor aceitação conforme as épocas ou as mentalidades. É sempre a mesma e não menos imutável que a natureza das coisas. Se a solidez de um edifício depende dos seus alicerces, o mesmo podemos dizer de uma sociedade; é tão sólida quanto a verdade em que se apoia.

A verdade tem os seus direitos: não pode ser moldada arbitrariamente, como o barro, para produzir figuras variadas. É a inteligência que, em face da verdade, se deve ir moldando a si própria, adquirindo novas formas que são os seus conhecimentos, enriquecendo-se até limites quase infinitos, sobrenaturais.

A falsificação deliberada da verdade é um dos estigmas do nosso tempo, sobretudo quando essa forma de pensamento e de ação é elevada a categoria de estratégia em que a deformação das palavras e dos atos se converte em arma manejada habilmente por pessoas esquecidas de todo o senso moral, de toda a responsabilidade ética.

Dá-se assim lugar à tentativa de querer impor pontos de vista pessoais e opináveis, à falta de respeito pelos que pensam de maneira diferente, à exaltação, à intransigência e à obstinação. A verdade é algo sagrado, dom divino, digno de ser tratado com reverência, delicadeza e amor.

A fidelidade e o respeito pelos outros

Entronca-se bem aqui a necessária relação da fidelidade à verdade com a caridade. A fidelidade à verdade não pode ser apresentada como razão ou motivo para ofender, desprezar ou prejudicar aqueles que não a enxergam como nós. É má fidelidade aquela que se emprega em destruir violentamente as convicções dos outros: é mil vezes preferível aquele que é fiel à pessoa humana – em cujo rosto se vislumbra sempre o rosto de Cristo – aos intransigentes defensores das «suas verdades», que violam o respeito devido à opinião alheia.

Mas se a fidelidade sem caridade conduz ao fanatismo, a caridade sem fidelidade pode levar a sentimentalismos que acabem por prejudicar os princípios e as pessoas. Um pai ou uma mãe que, por mimarem os filhos – julgando ser essa uma forma de amá-los –, lhes permitem a satisfação de todos os seus caprichos, acabarão por ser infiéis ao seu papel de forjadores de homens e mulheres úteis à sociedade: porque os terão tornado moles de vontade e fracos de caráter.

Não existe fidelidade autêntica aos outros sem compromisso prévio com a verdade: são virtudes complementares. Fiel e verídico são palavras que aparecem juntas num dicionário de sinónimos. A palavra não é instrumento que possa ser manipulado pelos caprichos ocasionais, mas um compromisso de lealdade com aquele com quem se fala. Uma pessoa de *palavra* é fidedigna, honesta, honrada, justa, veraz e sã. Quando fala, pode olhar-nos nos olhos sem ruborizar-se. Merece que se tomem a sério as suas declarações. Quando afirma alguma coisa, não é preciso que apresente testemunhas; quando oferece a sua amizade, podemos dar-lhe as costas sem medo de sermos traídos; quando diz que ama, sabemos que entregou de verdade o seu coração. É uma pessoa confiável – porque é fiel.

Por outro lado, quem não sabe ser veraz vai a caminho de ser um traidor, e o seu mundo se irá transformando num mundo de erros. Se o presidente de uma nação mentisse, já não seria digno de dirigir o país e deveria renunciar; um homem de finanças que tivesse montado o seu império à base de falsidades acabaria por causar maior mal à sociedade que lhe confiou as suas poupanças do que um soldado enlouquecido que disparasse a sua metralhadora no meio de uma passeata.

Dizer a verdade, portanto, é ser fiel àqueles com quem nos relacionamos; e, por sua vez, ser fiel é submeter-se à palavra dada, respeitar o que se afirma: quando se diz *sim*, diz-se isso exatamente. Que pena senti quando certa vez me mostraram a carta de alguém que seis meses antes tinha escrito: «Comprometo-me de maneira irrevogável...», e já então os fatos mostravam que tão solene compromisso tinha deixado de ser cumprido por razões ínfimas. Que pouca seriedade demonstrava essa pessoa! E que fragilidade a da sua palavra! É difícil confiar uma coisa de certa importância a uma pessoa assim.

Poderíamos inclinar-nos a pensar que a pessoa que mentiu ou usou de subterfúgios sempre se há de comportar desse modo, mas nós os homens não somos rios e podemos voltar atrás. Todo o ser humano tem direito a que lhe deem uma oportunidade de emendar-se.

Sempre devemos considerar um ato digno o de quem afirma humildemente: «Enganei-me», e pede perdão àqueles a quem tenha podido prejudicar e repara os estragos que tenha causado.

Mas é diferente querer inferir desta verdade uma consequência que seria destruidora de toda a fidelidade: pensar que sempre podemos desdizer-nos das nossas livres decisões, como se não fosse necessário cumprir os compromissos assumidos. Além de que se daria lugar a contínuas injustiças e se prejudicariam terceiros, está em jogo uma questão mais de fundo: a relação entre fidelidade e liberdade. Trata-se de uma correspondência que é íntima e necessária.

Os livres liames da fidelidade

Há quem pense que ser fiel significa perder a liberdade, talvez porque confunda liberdade com independência. Depender de alguma coisa ou de alguém – como o filho depende de sua mãe, ou a respiração do oxigênio, ou o peixe da água... – não pode ser considerado como uma limitação da liberdade, mas antes como sua condição essencial. Não se chega à existência se não se é concebido e dado à luz; morreríamos de asfixia se nos faltasse o ar, como o peixe que é tirado da água: são dependências que, em vez de nos escravizarem, nos dão a liberdade de viver.

Talvez se pudesse identificar liberdade e independência no reino animal, que só goza da chamada liberdade física. Mas, no caso do homem, trata-se de uma liberdade racional, que se reveste de um caráter moral. É algo de interior, caracterizado pela capacidade de orientar a própria existência para o bem e de poder escolher os melhores recursos em função do fim. Por isso, unicamente os seres dotados de inteligência podem chamar-se livres no seu pleno sentido. E somente um ser livre está em condições de comprometer o seu tempo, os seus talentos, os seus bens, o seu amor e até a sua vida, quando encontra para isso uma razão proporcionada.

A fidelidade exige liames indestrutíveis, relações insubornáveis. Há quem tema qualquer compromisso, seja de que natureza for, como se fosse um atentado à sua liberdade. Não se percebe que o homem – como as árvores –, para elevar-se sem impedimentos rumo às alturas, tem que mergulhar as suas raízes na terra, ser abraçado por ela e permanecer sujeito, vinculado! Sim, vinculado. Se a árvore pretendesse «libertar-se» da terra, apenas encontraria a sua própria destruição.

Quando a liberdade não cria vínculos, em breve se converte em grilhão de morte. Não podemos existir sem estar submetidos a umas normas. Para não sermos expelidos para o espaço vazio, necessitamos da lei da gravidade; para que a ave possa remontar-se às alturas e o avião manter-se em pleno voo, carecem da resistência do ar; para que as estrelas e os planetas subsistam, devem subordinar-se às suas órbitas. E para que a sociedade possa permanecer como tal, deve ser fiel a umas leis morais, a umas normas éticas: quem pretendesse desprezá-las, como se fossem coação, substituiria a liberdade pela libertinagem[3].

Se queremos a verdadeira liberdade, procuremo-la na fidelidade. Se queremos a expressão de nós mesmos, a nossa espiritualidade, a nossa autonomia interior, a nossa paz, somente a fidelidade nos poderá dar esses bens[4].

A virtude da fidelidade lança raízes exclusivamente em homens livres. Um escravo não pode chamar-se fiel, a não ser que resolva assumir interiormente – com liberdade pessoal – a sua servidão. Somente as pessoas livres – que o sejam de verdade por saberem responsabilizar-se voluntariamente pelos seus compromissos – podem receber sem mentira o enaltecedor e belíssimo nome de *fiéis*.

---

(3) Cf. *ibidem*, p. 19.
(4) Cf. Josiah Royce, *ibidem*, p. 34.

As quatro dimensões da fidelidade

A nós, que nos situamos no plano sobrenatural da fé, pode servir-nos de esquema básico para refletirmos sobre a formação na fidelidade aquele que João Paulo II descrevia magistralmente na sua visita ao México, em começos de 1979. O Papa falava de quatro dimensões desta fidelidade, tendo como pano de fundo a figura de Nossa Senhora de Guadalupe. Vejamo-las.

«Dentre tantos títulos atribuídos à Virgem Maria ao longo dos séculos pelo amor filial dos cristãos, existe um que se reveste de um significado profundíssimo: *Virgo fidelis*. Virgem fiel. Que significa esta fidelidade de Maria? Quais são as suas dimensões?»

Ao encontro do outro

«A primeira dimensão chama-se *busca*. Maria foi fiel antes de mais nada quando, com amor, se pôs a procurar o sentido profundo do desígnio de Deus sobre Ela e sobre o mundo. *Quomodo fiet istud?* Como sucederá isto?, perguntava Ela ao anjo da Anunciação. Já no Antigo Testamento o sentido desta busca se traduz numa expressão de rara beleza: *Procurar o rosto do Senhor*»[1].

A fidelidade requer um fundamento profundo e forte de paciente indagação, o anelo de encontrar um motivo para viver. Não é possível falar de fidelidade a quem carece de ideais ou a quem não sabe de valores que transcendem a própria vida.

Na formação para a fidelidade, deve-se insistir em que sempre se pode «ir mais longe». Se queremos ser alguma coisa, não nos devemos estancar nos estreitos limites do nosso mundo pessoal, encerrados nos nossos egoísmos e comodidades. Impõe-se procurar continuamente um ideal mais elevado, abrir horizontes e aspirar a aventuras audazes.

Os atletas procuram melhorar as suas próprias marcas, ganhar décimos ou centésimos de segundo, chegar uns centímetros mais longe. Esse mesmo espírito pode ser vivido no estudo, na profissão, na vida matrimonial, no ministério sacerdotal, no caminho para a santidade... Devemos propor-nos cada dia novas conquistas e afastar as nuvens negras que poderiam desanimar-nos.

Trata-se, pois, do que poderíamos chamar uma fidelidade humilde que, partindo do reconhecimento da sua indigência, da sua limitação, ambiciona encontrar

---

(1) Cf. João Paulo II, *Homilia*, 26-I-1979.

alguma coisa, alguém, que a incite a ser melhor, a sair do nada pessoal.

«Não haverá fidelidade – diz o Papa nessa homilia – se não houver na raiz esta busca ardente, paciente e generosa, se não estiver alojada no coração do homem uma pergunta para a qual só Deus tem a resposta, ou melhor, só Deus é a resposta».

Dar um lugar no coração

A segunda dimensão da fidelidade chama-se *aceitação*. O *quomodo fiet istud* transforma-se nos lábios de Maria num *fiat*: faça-se, aceito. É o momento crucial da fidelidade, aquele em que o homem percebe que jamais compreenderá totalmente o *como*; que há nos desígnios de Deus mais zonas de mistérios que de evidência; que, por mais que faça, nunca conseguirá aceitar tudo. É então que o homem acata o mistério e lhe dá um lugar na sua intimidade, assim como *Maria conservava todas estas coisas, meditando-as em seu coração* (Lc 2, 19; 3, 15)[2].

Dar um lugar no coração, diz João Paulo II, é abrir a alma a esses ideais, talvez apenas esboçados, mas que já se vislumbram como possíveis. É passar pela etapa de meditar detidamente – como fazia a Santíssima Virgem – em tudo aquilo que nos pareça árduo, até encontrar-lhe o

---

(2) Cf. *ibidem*.

sentido profundo, a razão que nos levanta e nos impele para além de nós mesmos e nos faz ambicionar conquistas novas, embora laboriosas.

É como despertar e dar vida ao espírito de fidelidade. Assim como o valor da velhice não reside em acumular anos de vida, mas em encher de vida os anos, o mesmo acontece com a fidelidade: trata-se de animá-la de um espírito jovem, receptivo, dando ânimos à alma mediante a meditação e a leitura de textos ilustrativos. É contemplar o Evangelho e toda a Sagrada Escritura, em cujas páginas se encontram inúmeros exemplos de pessoas que, passando por cima dos sofrimentos e penas, souberam corresponder aos ditames da responsabilidade e foram leais aos seus compromissos de amor e de entrega. O primeiro de todos, o próprio Jesus Cristo.

Quem acolhe Jesus Cristo como modelo e como causa de fidelidade encontrará nEle o fundamento de toda a sua existência. «É o momento – conclui o Pontífice, descrevendo esta segunda dimensão da fidelidade – em que o homem se abandona ao mistério, não com a resignação de alguém que capitula em face de um enigma, de um absurdo, mas com a disponibilidade de quem se abre para ser habitado por alguma coisa – por Alguém – maior que o seu próprio coração. Esta aceitação cumpre-se em última análise por meio da fé, que é a adesão de todo o ser ao mistério que se revela».

Coerência

«*Coerência* é a terceira dimensão da fidelidade. Trata-se de viver de acordo com o que se crê, de ajustar a vida ao objeto da adesão e de aceitar incompreensões, perseguições, antes que permitir rupturas entre o que se vive e o que se crê: esta é a coerência. Aqui se encontra, possivelmente, o núcleo mais íntimo da fidelidade»[3].

É o que se pode denominar «fidelidade operativa», que não se limita a belos fraseados nem se reserva somente para vaidosas atitudes teóricas. Concretiza-se em atos, em realidades de entrega, generosidade, espírito de sacrifício, esquecimento próprio e superação de caprichos, comodidades e egoísmos. É coerente na sua fidelidade quem não vive medindo se lhe convém ou não manter a sua palavra; quem não renuncia a uma tarefa a que se comprometeu, simplesmente porque agora lhe parece menos grata; quem não vive obcecado pela indagação superficial de saber «se me estou realizando ou não»: uma fórmula – a de «realizar-se» – inventada pelos comodistas para não terem que chamar egoísmo a essa atitude aburguesada e frívola.

É necessário viver de acordo com o que se é: o sacerdote, como homem *segregado dos homens e posto a serviço dos homens* (Hb 5, 1), mais preocupado com o bem do rebanho que o Pastor Divino lhe confiou do que com os seus gostos, caprichos e ambições pessoais; o governante,

---

(3) *Ibidem.*

dedicado com todas as suas forças a promover o bem comum e a proteger a vida digna, a honra e os bens de todos os seus governados, sem lhes antepor interesses de partido ou peias burocráticas; a esposa e o marido, conscientes da responsabilidade de fazerem do seu lar e da sua família uma fonte constante de alegria, da sua vida conjugal uma antecâmara do céu, dos seus filhos membros vivos e ativos da Igreja e da Pátria, forjados no cadinho de todas as virtudes sobrenaturais e humanas...

Qualquer consideração pessoal que leve a trair os compromissos adquiridos, que induza ao abandono de responsabilidades aceitas livre e voluntariamente, é prova de que a pessoa não alcançou essa terceira dimensão da fidelidade que o Papa denomina *coerência*.

O amor é mais forte que a dor

No entanto, nada do que acabamos de ver é suficiente para formar a fidelidade. Pode-se dar o caso de haver pessoas capazes de dar a vida por um ideal ou pelo amor de uma pessoa, em momentos de exaltação ou de entusiasmo, mas incapazes de resistir à passagem dos dias e às lógicas consequências do cansaço no transcorrer do tempo. É evidente que «toda a fidelidade deve passar pela prova mais exigente: a da duração. Por isso, a quarta dimensão da fidelidade é a *constância*»[4].

---

(4) *Ibidem*.

Certo dia, veio visitar-me um homem que acabava de abandonar a esposa para ir viver com outra mulher. Falou-me com o coração nas mãos: sentia – disse-me – a necessidade de «ser leal consigo próprio».

– Eu antes estava apaixonado pela minha esposa e vivia com ela; foram dias felizes. Os nossos filhos são o testemunho desse amor. Enquanto a amei, fui-lhe plenamente fiel. Mas agora ela mudou. Tornou-se intransigente e dura, o nosso diálogo transformou-se em discussão, o meu regresso diário a casa deixou de ser alegre e agora passo mais horas no escritório. Já não a amo como antes. E se o amor acabou, para que fingir uma união matrimonial? Pelo contrário, compartilho todo o meu carinho com aquela que me recebe com um sorriso e enche a minha vida de felicidade. Talvez esta situação não seja correta perante a Igreja, mas é mais autêntica para comigo mesmo. Dói-me, mas não posso fazer mais.

Claro que você pode fazer mais, se começa por não confundir amor com sentimento. Podem-se perder as emoções, os afetos, as ternuras, e com elas a alegria que antes enchia as horas da vida no lar. Mas a alternativa de um homem fiel não é a deserção e o abandono. Está errado quem pensa que, por «já não *sentir* carinho», a vida matrimonial perdeu significado. É a hora crucial da fidelidade.

O argumento deve ser o contrário: porque sou esposo e pai de cinco filhos, ainda que tenha perdido as emoções do primeiro afeto, tenho de empenhar-me por todos os meios e com todas as minhas forças em reconstruir esse amor que, mais do que um sentimento, é um ato definitivo da vontade em favor do meu cônjuge, que também me entregou a sua vida. Um e outro com defeitos que devem vencer e tolerar mutuamente.

Amar é, pois, voltar continuamente à raiz da primeira decisão de entrega mútua. E esse voltar ao próprio fundamento da aliança matrimonial, ao consentimento que se deu para sempre e sem condições, é, muito simplesmente, essa quarta dimensão da fidelidade: a *constância*.

Digamo-lo com as palavras do Papa: «É fácil ser coerente por um dia ou por alguns dias. Difícil e importante é ser coerente durante toda a vida. É fácil ser coerente à hora da exaltação, é difícil sê-lo à hora da tribulação. E só se pode chamar fidelidade a uma coerência que perdura ao longo de toda a vida. O *faça-se* de Maria, na Anunciação, chega à sua plenitude no *faça-se* silencioso que repete junto da Cruz. Ser fiel não é atraiçoar nas trevas o que se aceitou em público. De todos os ensinamentos que a Virgem dá aos seus filhos [...], talvez o mais belo e importante seja esta lição de fidelidade»[5].

A alegria de ser fiel

Bela e importante lição de fidelidade. É disto que o mundo necessita urgentemente. Tudo mudaria a nível

---

(5) *Ibidem*.

pessoal, profissional, familiar, sacerdotal, ou nas relações internacionais, se desde crianças nos ensinassem, com a palavra e com o exemplo, a ser fiéis, se nos recordassem – convertida em vida nos pais de família e nos educadores – essa quádrupla dimensão da fidelidade que João Paulo II explicou no México.

Tudo andaria melhor e seríamos mais felizes se nos propuséssemos conhecer sempre mais a fundo – para podermos amar mais – essas verdades e essas pessoas às quais nos vinculamos com laços de responsabilidade permanente. Refletir sobre os deveres próprios, sobre as circunstâncias que afetam a vida e a paz dos outros, meditar nas consequências da nossa conduta, avaliar o mal que a deserção pode causar, é a primeira garantia da fidelidade. E a ela deve-se acrescentar sempre uma consideração sobrenatural: *Fiel é Deus, que não permitirá que sejais tentados acima das vossas forças* (1 Cor 10, 13).

E depois de meditar, aceitar. Não nos deixaremos arrastar pela imaginação ou por maus conselheiros que nos põem diante dos olhos – como folharada num dia de tormenta – todo o gênero de considerações que parecem justificar uma atitude de fuga. Aceitaremos os nossos compromissos com fidalguia, com coragem, ainda que às vezes tenhamos de sofrer, e sofrer muito, no momento presente. A longo prazo, a atitude digna de quem sabe resistir à tempestade, sem desanimar, sem virar as costas, será fonte de paz e garantia de felicidade.

Com a aceitação, a coerência e o esforço por ultrapassar as dificuldades, a luta por sobrepor-se às quedas, o valor de suportar os retrocessos e as limitações próprias e alheias. É compreender, desculpar e perdoar, tornando novo o amor em cada dia. Quando alguma coisa de subido valor começa a deteriorar-se, o lógico não é dizer: joguemo-la ao lixo. Ao contrário, é preciso cuidar dela com maior esmero, reconstruí-la com paciência, voltar a colocar as peças que caíram, substituir os pedaços perdidos.

E chegar sempre à meta. O que realmente caracteriza o ser humano é a capacidade de superar o efêmero e transitório. Compreende-se que uma criança abandone o que lhe foi confiado, mas um adulto – chame-se soldado, esposo, sacerdote – deve comportar-se como pessoa madura e perseverar no que lhe foi entregue, na certeza de que poderá conservá-lo até o fim. É necessário que o vigor e a energia não se desvaneçam com o passar dos anos. O atleta não será premiado, mesmo que o seu esforço sobre-humano e heroico o tenha levado para muito perto da meta, se não cruzar a raia que indica o termo da prova.

Fidelidade e felicidade

Todos queremos ser felizes. O ser humano está intensamente chamado a procurar a paz interior, a felicidade completa. É natural que nos perguntemos se esta felicidade que desejamos será possível aqui na terra.

A resposta tem que ser positiva, pois os anelos inscritos de maneira indelével no ser das coisas ou das pessoas não podem conhecer a frustração. Os que dizem que não é possível encontrar a felicidade nesta terra, talvez o digam por se terem dedicado a procurá-la no contingente e instável, e o mundo terreno, como fim, não pode dar felicidade. Mas quem encare o temporal como um meio, quem percorra a vida consciente de que é apenas um caminho para uma meta mais alta e mais perfeita, quem compreenda que tudo o que nós, homens, fazemos é instrumento para alcançarmos Deus e, nEle, a bem-aventurança, esse poderá encarar as realidades temporais na sua verdadeira dimensão e, consequentemente, saberá que a felicidade se encontra ao alcance de todos. Com uma condição: que ande pela vida com o olhar levantado, dirigido aos confins do eterno, transcendendo-se a si mesmo. Em frase de Pascal, «só chegará a ser plenamente homem aquele que tentar ser mais do que homem».

Tentar ser *mais do que homem* é conseguir as virtudes humanas e sobrenaturais para as quais estamos capacitados. Mas não é um aglomerado de qualidades pessoais o que faz o homem feliz. É antes uma síntese a que podemos chegar através da fidelidade, quando entrelaçada na caridade – que é a forma de todas as virtudes –, na prudência – que é a sua condutora – e na humildade, que lhe serve de fundamento. A fidelidade é como que o coração de todas as virtudes. Por isso, ser fiel é um dever central entre todos os demais deveres, alento de toda a vida moral e fonte de plenitude.

Fonte de unidade e de alegria

A fidelidade é sinal de unidade; a pessoa fiel manifesta-se igual a si mesma com o correr do tempo e a mudança das circunstâncias. Ser fiel é ser *uno*, é ser coerente. A fidelidade implica ser invariável com relação a si mesmo, aos outros e ao destino próprio. Toda a riqueza do ser humano – e com ela a sua felicidade – radica na sua aptidão para ser perseverante, insubornável, para manter-se na unidade da sua personalidade definida.

Além de manifestação de unidade, a fidelidade é também a sua causa. Num organismo vivo, a desunião é sinal de putrefação e de morte[1]. Deus, que é plenitude de vida, é absolutamente uno. E é igualmente plenitude de Bem e de suprema Felicidade. Quando se é constante no seguimento da Vontade divina, correspondendo com generosidade à chamada vocacional – no claustro ou no mundo, tanto faz –, e se despende todo o esforço necessário para viver de uma maneira congruente com os desígnios do apelo divino, não há a menor dúvida de que se encontrou o segredo de uma vida feliz. Quando o homem e a mulher, unidos pelo casamento, compreendem que a sua união é por toda a vida e se consagram a salvaguardá-la com o melhor das suas forças, encontram a melhor razão para continuarem a amar-se nos momentos de crise e o melhor estímulo para viverem empenhados em tornar-se mutuamente felizes. Quando o sacerdote não perde de vista que o sacramento da Ordem imprime um caráter indelével, sabe refugiar-se na intimidade com Deus através da oração e da Missa, encontrando assim proteção mais segura que as rochas das altas montanhas em que certas aves procuram abrigo tranquilo. Por isso se sentirá feliz a todas as horas.

E que dizer da alegria que causa encontrar um amigo fiel? E da paz que proporciona assumir um compromis-

---

(1) Cf. *Caminho*, n. 940.

so com quem sabemos que corresponderá lealmente? E da confiança com que sairá à rua quem sabe que deixa em casa uma esposa fervorosa? E do amor da esposa que espera esse marido para quem ela é a única mulher do universo? E da tranquilidade com que se escuta um professor que demonstrou com fatos a veracidade da sua palavra?

O homem e a mulher sinceros, que tratam com pessoas igualmente retas, vivem num estado interior de paz e sossego que só tem um nome: alegria. Sem exceção, as pessoas fiéis são pessoas felizes. Ainda que muitas vezes sofram, encontram uma razão para continuarem alegres: são conscientes de que vale a pena viver por aquilo por que vale a pena morrer! Esta é a razão que em todas as épocas deu forças aos que souberam sacrificar a sua vida por uma causa nobre. Os mártires conservaram o sorriso até o último alento.

Uma razão para viver

A fidelidade dá resposta às perguntas mais essenciais que apaziguam uma vida ou a amargam definitivamente. Para que vivo? Por que estou aqui? Por que precisam de mim? Como posso ser útil?

Se a pessoa procura as respostas somente dentro do seu «eu» natural, não as achará. Dentro de si mesma encontra anelos vagos de felicidade, um caos de desejos, uma mistura de instintos antagônicos. Se consulta a sociedade a fim de determinar o propósito da sua vida, aquela oferece-lhe usos, formas de atividade, convenções, leis, conselhos, mas não um ideal supremo. Não lhe resolve nenhum problema fundamental da vida enquanto a sua fidelidade não tiver encontrado o seu objeto. Somente uma causa absorvente e fascinante, que por vontade e consentimento próprios chegue a tomar posse da vida, somente uma causa assim pode unificar o mundo externo e interno do ser humano.

Quando se produz na pessoa esta unidade, reveste-se nela da forma de uma fidelidade *ativa*. E satisfaz uma das suas mais profundas e íntimas necessidades vitais, que é a necessidade de uma tarefa de vida que seja ao mesmo tempo voluntária e valiosa para o seu espírito[2]. Quem nunca tenha querido vincular-se por toda a vida a um ideal, a uma pessoa e, acima de tudo, a Deus, não será nunca completo e feliz.

Definitivamente, a fidelidade é boa porque, formando e mantendo a devoção a uma verdade, a uma pessoa ou a um ideal, faz encontrar a felicidade no esforço por viver essa fidelidade. Quem crê numa causa e a segue até o fim sente a fascinação da fidelidade na realização de si próprio, ao abandonar o seu «eu» num bem que o transcende e procurá-lo mediante a renúncia voluntária ao prazer pessoal. O porto dá todo o seu valor à rota que conduz até ele.

---

(2) Josiah Royce, *ibidem*, pp. 59-60.

Fidelidade e amor

A maior prova de amor é a fidelidade. Aqui está, em essência, tudo o que se disse até agora: «Qual é o segredo da perseverança? O Amor. – Enamora-te, e não O deixarás»[3].

Foi isto o que fez o próprio Deus com o homem: «enamorou-se» de nós e por isso, apesar de o termos atraiçoado muitas vezes – a humanidade inteira e cada um de nós –, e termos feito o que lhe desagrada e o ofende, Ele sempre permaneceu fiel à sua decisão de salvar-nos. Teria motivos para deixar-nos sós nos devaneios do nosso coração ingrato. Mas não. «Está como um Pai amoroso – ama-nos a cada um de nós mais do que todas as mães do mundo podem amar os seus filhos –, ajudando-nos, inspirando-nos, abençoando... e perdoando»[4]. Deus não evitou ao seu próprio Filho a morte ignominiosa para demonstrar-nos a constância do seu amor.

Este amor supremo do Pai é o que leva Jesus Cristo a amar também o mundo e os homens, pois não se pode deixar de amar o que o amado ama, nem se pode amar um pai sem amar também os filhos. Se o Pai ama o mundo e os homens, também Jesus os ama. Este amor é o que o conduz à morte. Com uma entrega decidida,

---

(3) *Caminho*, n. 999.
(4) *Ibidem*, n. 267.

Jesus imola-se de bom grado, como Bom Pastor que dá a vida pelas suas ovelhas. E afirma com razão que ninguém tem mais amor do que aquele que dá a vida pela pessoa amada. São João explica que, *tendo amado os seus que estavam no mundo, amou-os até o fim* (Jo 13, 1).

Correspondendo a esse amor, os Apóstolos mudaram a sua maneira de viver, deixaram os afagos da comodidade, abandonaram suas casas e famílias, suas terras de lavradio e os mares abundantes em pesca, submeteram-se a vexames e humilhações, a castigos corporais e ao desprezo, e chegaram até à morte, por fidelidade a Jesus: tudo porque o amaram. Eram felizes sofrendo em nome dAquele a quem tinham entregado a vida. Sabiam que Ele não os atraiçoaria, e esta convicção fortalecia-lhes a fidelidade no amor.

Ser fiel é saber amar

Amor, fidelidade e alegria. São as componentes de uma mesma realidade, de um mesmo acontecimento. Se alguns põem em dúvida a capacidade do homem de ser fiel, é pela menor capacidade de amar que revelam, entregando-se à contingência de umas satisfações momentâneas, meramente sensíveis.

Tudo o que se disser sobre a fidelidade deve apoiar-se num convite para reencontrar nas relações com Deus e com os homens essa dimensão de amor para a qual estamos feitos. Por mais que se procurem razões para justificar uma infidelidade, sempre se encontrará no fundo uma crise interna de amor, que é, em última análise, a mais triste e lamentável situação do ser humano: a sua incapacidade de amar, dando-se. A ninguém que saiba amar é necessário ensinar fidelidade. A perseverança, em qualquer ofício ou compromisso, não é uma simples consequência cega do primeiro impulso nem obra da inércia: é fruto da reflexão sobre o valor do objeto amado: «"Passou-me o entusiasmo", escreveste-me. – Tu não hás de trabalhar por entusiasmo, mas por Amor: com consciência do dever, que é abnegação»[5].

Todas as lições que se derem sobre fidelidade serão sempre lições de amor sacrificado. Quem aprende a amar o que faz, a amar os que compartilham a sua vida, os seus sonhos e ambições, o seu lar; quem sabe refazer o amor quando este parece debilitar-se ou realmente se debilita; quem aprende a perdoar e a compreender por amor; quem pensa e vive desta maneira não precisa que ninguém lhe chame a atenção para a sua obrigação de ser fiel.

Sim. Certamente. O critério é sempre o mesmo em relação a tudo o que na vida merece ser considerado como objeto de fidelidade. Ser fiel à pátria, à Igreja, ao cônjuge, aos filhos, à amizade, à vocação pessoal, ao trabalho, a tantas coisas, é amar: é pôr o coração – a vontade – nessas realidades, dar-lhes valor por

---

(5) *Ibidem*, n. 994.

cima de subjetivismos personalistas, vê-las como aquilo que nos aperfeiçoa e nos encaminha para a única fidelidade absoluta, essa que nos dá a felicidade plena e eterna: a fidelidade ao amor de Deus. Para tudo isso valem as palavras antes mencionadas e que têm valor e conteúdo universais: «Qual é o segredo da perseverança? O Amor. – Enamora-te, e não O deixarás».

Cartas sobre a fidelidade

Ainda que a base da fidelidade seja sempre a mesma, sejam quais forem as características do objeto para que esta virtude se orienta, há matizes que requerem uma meditação específica: ser fiel na vida matrimonial exige umas condições de lealdade diferentes das que se pedem a um soldado; têm seus tons peculiares a sinceridade com que se assume um compromisso econômico ou as exigências próprias de um vínculo de amizade; a fidelidade a Deus e a que se professa por umas ideias políticas – mesmo que radicadas num mesmo princípio interior de coerência pessoal – têm valor e alcance diferentes.

É necessário que nos detenhamos com paciência e com detalhe nos diferentes campos em que um homem pode manifestar a sua fidelidade ao compromisso contraído. Como dizia Mons. Escrivá, «um marido, um soldado, um administrador é sempre tanto melhor marido, tanto melhor soldado, tanto melhor administrador quanto mais fielmente souber corresponder, em cada momento, perante cada nova circunstância da sua vida, aos firmes compromissos de amor e de justiça que um dia assumiu»[1].

Reunimos nas páginas que se seguem algumas cartas escritas em diversas épocas e circunstâncias em torno do tema. Algumas já foram publicadas; outras foram de caráter privado e talvez os seus destinatários ainda as conservem, no arquivo da sua correspondência ou na intimidade do seu coração; outras foram palavras de viva voz que agora transcrevo. Mas todas manifestam o anelo de prestar ajuda a quem dela possa precisar, para participar da responsabilidade que a todos nos é exigida pela nossa vocação humana e divina. No fundo de cada uma palpita uma ideia central: o desejo de que, no fim da nossa passagem pela terra, possamos ter palavras semelhantes às que São Paulo, ao pressentir o seu fim terreno já próximo, escrevia ao seu discípulo Timóteo: *Estou prestes a ser imolado e avizinha-se o tempo da minha morte. Combati com valor, concluí a minha carreira, guardei a fé. Nada me resta senão esperar a coroa de justiça que me está reservada e que o Senhor me dará naquele dia como justo juiz* (2 Tm 4, 6-8).

E não somente a ele; esta é a sorte daqueles que chegam ao termo dos seus dias terrenos podendo dizer com verdade: «Tive defeitos, equívocos e erros sem conta, mas, para além das minhas misérias, procurei

---

(1) *Entrevistas com mons. Escrivá*, n. 1.

retificar, voltar a começar e repreender a marcha. Talvez não se possa inscrever nenhum elogio encomiável como epitáfio no meu túmulo; só se poderá dizer que lutei todos os dias e que termino esta existência tendo sido fiel a tudo aquilo a que me comprometi. E, acima de tudo, continuo fiel à minha própria vocação e morro fiel a Deus. Isto me basta».

Fidelidade à fé

Carta a Maggie

Desconhecida Maggie,

Desde que me contaram a sua história, pensei muito em você. Por um acaso, você tropeçou com um livro religioso que transformou os seus sentimentos. Já não teve paz enquanto não lhe explicaram exaustivamente tudo o que dizia respeito à religião católica, que a sua inteligência começou a buscar com a curiosidade esmagadora de um ciclone. Depois de vários meses de estudos e conversas, você decidiu converter-se à fé que, com razão, considerou verdadeira.

Você só tinha uma dúvida: serei capaz de viver verdades tão belas? Não lhe bastava acreditar. Resolveu vir à Colômbia, onde a maioria é católica. Seis meses aqui, em convívio conosco, mostrar-lhe-iam o modo de viver de acordo com a sua fé incipiente. Quando aprender, pedirei o batismo, pensou.

Morou em casas de família, em diversas cidades. Estava cheia de esperança, mas depois surpreendeu-se e mais tarde ficou desconcertada. Por fim, desiludiu-se. Se Jesus ensina o amor, por que tanta indiferença? Se ficou no Sacrário, como é que o deixam só? Se nos oferece o perdão, por que tanto medo e tão pouco interesse na prática da Confissão? Se Deus é o dispensador de todos os bens, como não lhe dão graças ao almoçar ou jantar? Se o catolicismo é a única religião que nos oferece uma Mãe, por que são tão poucos os que a recordam? Se dizem que a oração é a força do cristão, por que rezam sem devoção? E, quanto ao sacrifício, que me ensinaram a estimar, por que fogem tanto da dor, se é a forma de nos unirmos à Cruz de Cristo?

Não conheço as suas palavras exatas, mas o resultado foi triste, lamentável: «Não me batizarei!»

Não sei que dizer-lhe agora. Alguns acham que você exagerou. Que a sua ânsia perfeccionista de viver as coisas à risca a impediu de ver, não uma falha da religião em si, mas a incoerência das pessoas que você conheceu. Podia ter-lhes falado, tê-las sacudido, lançar-lhes em rosto, com afeto, o que estavam perdendo e você procurava. Mas você foi-se embora.

Talvez essas pessoas tivessem alguma razão para o seu comportamento, mas você também tinha a sua: não foi fácil a sua experiência. Gostaria de ter tido a sorte de conhecê-la, de pedir-lhe perdão e animá-la a tornar a começar. O que lhe ensinaram no seu país não era mentira. É possível que, com um pouco de paciência e uma orientação mais acertada, você tivesse encontrado famílias em que palpitava uma fé operante e viva que teria realizado todas as suas esperanças. Peço a Deus que recompense a sua boa vontade e a retidão dos seus desejos.

Não posso deixar de lhe dizer que quem afasta Deus do seu coração e foge da questão religiosa faz ouvidos surdos a um ditame da sua consciência e não está isento de culpa. Mas também devo reconhecer que quem se afasta da fé católica não o faz somente por razões interiores, pois está presente também uma reação crítica para a qual, no dizer do Concílio Vaticano II, «podem contribuir em parte não pequena os próprios crentes, na medida em que, pelo descuido na educação religiosa, pela exposição inadequada da doutrina ou mesmo pelos defeitos da sua vida religiosa, moral, social, velaram mais do que revelaram o genuíno rosto de Deus e da religião»[1].

É por isso que lhe peço perdão: também eu me sinto culpado. Não em relação a você, concretamente, mas em relação a outros que me são mais próximos. Peça a Deus – no fundo do coração, você já o encontrou – por todos os que temos que dar testemunho permanente da fé, para que não deformemos o rosto de Cristo.

---

(1) Concílio Vaticano II, Constituição pastoral *Gaudium et spes*, n. 19.

Conte com o meu afeto e com as minhas orações. Deus a abençoe.

Carta de um universitário

Prezado Padre,

Atingiu-me durante a história de Maggie que o sr. nos contou no último retiro. Não tanto pelo fato em si, como pela coincidência com outro acontecimento de que fui testemunha e protagonista.

Um amigo sem fé prática, ainda que batizado, sentiu desejos de ver renascerem as suas crenças já desaparecidas. Eu mesmo o levei ao sacerdote e o ajudei a conseguir os livros que ele lhe recomendou. Estudou durante dois meses, leu, pensou. Mas também olhou à sua volta: éramos três os colegas de apartamento. Encaramos com ligeireza a sua inquietação. Continuamos a viver de uma maneira superficial, vazia e, digo-o com vergonha, dissoluta. Embora o animássemos a continuar as suas aulas de doutrina cristã, de fato nos comportávamos como se não tivéssemos fé. Um dia devolveu-nos os livros com uma nota que só dizia isto: «Já não preciso».

Não sei que foi dele. Mas em mim ficou um tormento que não consigo arrancar. Agora que acabo de fazer este retiro espiritual, quero recomeçar a viver a minha fé. Peço-lhe que me escreva, quando tiver tempo, sobre essas condições da fé, como o sr. as chamou, para ver se com a sua palavra e a minha meditação pessoal posso fazer propósitos que reorientem a minha existência e me tornem capaz de servir de apoio aos outros.

Quero reparar, padre, e preciso aprender a viver a fé, que é em mim demasiado fraca e frágil. Desejo fortalecê--la. Ajude-me, por favor.

Muito obrigado.

Resposta ao universitário

Escrevo-lhe, como você me pede. Compreendo a sua situação pessoal, porque já a vi refletida em muitos outros.

A crise de fé, que um dia lhe fez mal e que hoje você quer remediar, é um problema universal. Consciente ou inconscientemente, foi-se apagando em nós a luz da fé. Talvez por pensarmos que era obscura, fomos fechando os olhos às realidades espirituais. Tornamo--nos idólatras do dinheiro, da ciência, do poder, da glória, das modas... Caímos no mundo da indiferença ou no das superstições, da magia e das feitiçarias.

Não obstante, se olharmos as coisas com objetividade, devemos concordar em que todos cremos em alguma coisa. O camponês crê na terra quando confia a semente ao seu regaço cálido e fecundo; o passageiro confia na perícia do piloto quando se senta na poltrona do avião; o comensal abandona a sua saúde em mãos da cozinheira, sem sentir a necessidade de examinar ao microscópio as viandas que lhe levam à mesa; o discípulo aceita a ciência do seu mestre; o filho, a verdade que lhe transmite seu pai; o doente, o diagnóstico do seu médico... Se cremos em tantas coisas, como não havemos de crer na Divindade? *Se aceitamos o testemunho dos homens* – diz-nos o Apóstolo João (1, 5-9) –, *maior é o testemunho de Deus.*

Pensando em você, abri o Evangelho para perguntar a Jesus Cristo o que nos diz da fé. Encontrei muitas respostas: *A obra agradável a Deus é que acrediteis nAquele que Ele vos enviou...* Q*uem crê em Mim tem a vida eterna* (Jo 6, 29 e 47). *Todo aquele que crer salvar-se-á* (Mc 16, 16). *Sem fé, é impossível agradar a Deus* (Hb 10, 38).

A fé é o princípio e fundamento da salvação, e portanto a primeira das virtudes cristãs, já que por ela aderimos a Deus Pai e ao seu Filho encarnado, Jesus Cristo.

Mediante a fé conhecemos a Vontade de Deus e podemos ter uma conduta digna de filhos seus.

Pela fé somos capazes de discernir os acontecimentos, os sinais verdadeiros dos planos de Deus a respeito de cada um de nós.

A fé projeta uma luz nova sobre a vida do homem, explica-lhe o seu sentido, anima-o a caminhar e o conduz ao céu.

Sem tirar ninguém do seu lugar, da sua missão nesta terra, a fé destaca o sentido sobrenatural de todas as realidades humanas, faz resplandecer com cor e sentido transcendentes tudo aquilo que parece profano, mas que, com a Encarnação do Verbo, já se tornou divino.

Somente a fé nos permite reconhecer a presença de Deus por toda a parte, sentir o palpitar do seu coração enamorado, receber o impulso da sua voz orientadora e conhecer a sua vontade de salvação e santidade.

Unicamente a fé nos deixa ver que os outros são nossos irmãos.

Pela fé sabemos que Deus está em nós continuamente, que é nosso Amigo, nosso Irmão, nosso Pai. Que veio à terra para ficar com cada um: para que nos relacionemos com Ele e cheguemos a ser seus íntimos. «Como é bela a nossa Fé Católica! – Dá solução a todas as nossas ansiedades, e aquieta o entendimento, e enche de esperança o coração»[2].

Testemunhas de Deus

Nós, os cristãos, somos testemunhas de Deus no mundo pela fé: temos a tarefa de mostrar com as palavras e com a vida que Deus habita entre nós. Quem tem fé vê no trabalho uma missão, não uma carga; vê na dor uma prova de amor, não um castigo; vê os homens como irmãos, não como inimigos. Não sente a alegria como um animal, mas experimenta-a como virtude própria dos que venceram o medo ao sofrimento.

---

(2) *Caminho*, n. 582.

Por tudo isto, entende-se que Cristo tivesse como uma das suas preocupações fundamentais fazer com que os seus discípulos olhassem para dentro de si mesmos, para o mundo do espírito, que só se vislumbra pela fé. No longo e belíssimo Sermão da Montanha, deixou-nos um rico veio de lições de fé:

Se fazemos alguma coisa boa, que não seja por brilho pessoal: Deus o pagará.

Se damos esmola, guardemo-nos de proclamá-lo aos quatro ventos: Deus nos recompensará.

Se oramos, não o façamos para sermos ouvidos pelos outros: Deus nos escutará.

Se pedimos, não falemos em excesso: Deus entende-nos com facilidade e depressa.

Se somos ofendidos, perdoemos: Deus nos perdoará.

Se jejuamos, não ponhamos cara triste: Deus nos sorrirá.

Se trabalhamos, não o façamos por lucro: Deus nos enriquecerá.

Se sofremos, evitemos queixar-nos: Deus nos consolará.

Se nos falta alguma coisa, não desesperemos: Deus sabe cuidar dos seus filhos.

Se vemos um defeito em alguém, não lho lancemos em rosto: Deus aceitará os nossos.

E o longo discurso termina animando-nos a construir a nossa vida edificando sobre rocha firme – a rocha da fé – e não sobre a areia movediça da visão humana, que desaba por si (cf. Mt 6 e 7). Há muitas coisas importantes na vida, mas só há uma absolutamente indispensável: encontrar a verdadeira fé e, uma vez encontrada, conservá-la.

Ainda que fique apenas um resto

Aquele ancião, um imigrante, estava agonizando. Oito filhos o acompanhavam: três tinham nascido na Irlanda, os outros em Chicago. Fugindo da fome, tinha deixado a sua terra havia quarenta anos para procurar na América um lugar de redenção. As coisas tinham-lhe corrido bem e ele agradecia-o a Deus. Agora falava aos seus filhos em voz queda, mas clara:

– Tudo o que se passou conosco foi coisa divina, tudo bondade do Senhor. Eu quero que não o esqueçais e o transmitais aos vossos filhos e aos vossos netos, de uma geração para outra. O meu maior desejo é deixar-vos como principal legado a fé herdada de meus pais. Não a percais, não a mancheis, não deixeis que se apague em vós a marca indelével do Batismo. Se, daqui a algum tempo, o mundo enlouquecesse, e se arrancasse de todos o espírito cristão, e restassem na terra apenas oito pessoas com fé, eu morreria tranquilo se estivesse certo de que esse pequeno resto de fiéis seríeis vós.

Talvez este bom irlandês pensasse nos textos da Sagrada Escritura em que se menciona esse «resto» de Israel, encarregado de preservar a fidelidade à Aliança, de continuar perscrutando a plenitude dos tempos, do tempo em que o Redentor chegaria. Em cada deserção de Israel, sempre houve um punhado de homens perseverantes que mantiveram a fé e a esperança no Messias, que conservaram intacto o depósito das promessas feitas a Moisés. Foi aos que pertenciam a esse resto que Jesus falou em primeiro lugar, foi com eles que a Igreja começou.

João Paulo II fala também aos que queiram escutá-lo dentro do seu coração, reclamando para os tempos que correm decisões de fidelidade. Pediu-o no México para toda a América Latina e para o mundo inteiro: «De todos os ensinamentos da Virgem Maria aos seus filhos [...], talvez o mais belo e importante seja esta lição de fidelidade, uma fidelidade que o Papa se compraz em descobrir e que espera do povo mexicano. Da minha pátria costuma-se dizer: *Polonia semper fidelis*. Eu quero dizer: *Mexico semper fidelis*»[3]. É uma chamada premente para os que queiram escutá-la, para os que queiram em toda a terra fazer vibrar o coração com desejos ardentes de manter viva a chama da fé, rejuvenescê-la e renová-la.

É difícil ser fiel à fé, mas não é impossível. É possível. É acessível. E é extraordinariamente necessário.

---

(3) João Paulo II, *Homilia* na catedral do México, 26-I-1979.

Por isso alegro-me de escrever-lhe sobre as condições de uma autêntica e imitável vida de fé.

A primeira condição: humildade

Dir-lhe-ei que a primeira condição para a fé é a *humildade*. A convicção da nossa indigência leva-nos a experimentar a necessidade de Deus e a procurá-lo sinceramente. Às vezes, acontece que nos pomos a esperar tranquilamente por alguma manifestação sensível de Deus, como se Ele tivesse que visitar-nos em nossa própria casa, como se não fôssemos nós os mendigos, como se não tivéssemos que ser nós a sair em sua busca. Fomo-nos tornando frios, objetivos, imparciais, desejosos de julgar Deus com «cabeça serena», como se fosse possível aproximar-se da verdade sem respeito ou sem veneração.

Sem humildade, a inteligência torna-se cega e não distingue a verdade do erro, o bem do mal. Deus quer dar-se a conhecer, mas nem todos são capazes de ouvi-lo. Diz Santo Agostinho: «Deus, que é a Verdade, dirige-se em toda a parte a todos os que o interrogam. E embora responda a todos ao mesmo tempo, responde a cada um coisas diferentes, com clareza, mas nem todos entendem essa clareza. Todos perguntam o que querem, mas nem todos ouvem sempre o que querem. Escuta e obedece melhor a Deus quem não se preocupa de ouvi-lo dizer o que deseja, mas se esforça por querer o que Deus diz»[4]. Esta é a fé humilde: querer o que Deus faz e fazer o que Deus quer.

Para consegui-lo, é necessário esforçar-se com amorosa atenção e em espírito de oração por conhecer a Igreja, a sua doutrina e os seus documentos, a fim de vencer o espírito crítico e reconhecer a escassez da nossa inteligência à hora de nos abeirarmos do conhecimento direto dos mistérios de Deus.

Se não formos humildes, muito humildes, a fé não saberá onde lançar raízes e a terra se tornará demasiado ácida para a frágil semente que o próprio Deus vai semeando diariamente com a sua palavra, através dos mil incidentes da vida cotidiana. Deus fala continuamente, mas somente as pessoas simples e descomplicadas conseguem captar as suas mensagens.

A fé, aceitação de Deus

Em segundo lugar, a fé é aceitação de Deus. Não se trata tanto de crer em alguma coisa, mas de crer em Alguém, de ser habitado por esse Alguém que desceu à terra para dar à vida uma nova dimensão.

Deus oferece o dom da fé a quem quiser recebê-lo *livremente*; não o impõe. É tão generoso que, mui-

---

(4) Cf. Santo Agostinho, *Confissões*, final.

tas vezes, não espera que tenhamos capacidade para reconhecer o valor dessa dádiva que nos faz, e no-la concede quando mal começamos a viver. Deveriam brotar do nosso ser a maior alegria e o maior agradecimento ao compreendermos que, sem mérito algum da nossa parte, Deus nos escolheu desde crianças recém-nascidas como filhos seus e desde então esteve trabalhando a nossa alma para conformá-la com o Verbo encarnado.

Mas a fé tem que ser ajudada a crescer, tem que ser desenvolvida, até mostrar em cada um a sua vitalidade. É um dom divino que, como todos os dons, supõe um compromisso. A fé tem que ser reassumida com liberdade. Num dia qualquer, mais cedo ou mais tarde, o homem terá de enfrentar esta alternativa: ou aceitar Deus na sua vida ou rejeitá-lo. Os que se negam a viver segundo os ditames da fé, só por não terem sido consultados quando receberam o batismo, mostram que nunca se aperceberam do tesouro que lhes foi confiado. A sua posição terá de ser respeitada, mas terão que arcar pessoalmente com as consequências da rejeição de Deus: «Não se é impunemente amado por Deus, não se é impunemente amado até à morte», escreve Bossuet, a propósito dos que raciocinam tão insensatamente.

Quando se aceita Deus no interior da alma, a vida encontra sentido na feliz correspondência à mudança radical que nela se produz. E então é necessário avançar no caminho da fé, cultivar essa vida interior com interesse e com esforço, até se chegar a tratar a Deus como amigo íntimo e a olhar todas as coisas dEle como nossas e as nossas como dEle.

Fé operativa

A fidelidade à fé tem que ter também uma terceira condição: a conformidade plena entre a fé e a vida, uma conformidade que nos permita dar testemunho de cristãos na conduta diária e em todos os ambientes. Por isso só se pode chamar verdadeira fé àquela que dá frutos, que responde com obras aos requerimentos práticos que surgem na vida cotidiana.

Nas dificuldades, o homem de fé é sereno.

Na dor, é capaz de sorrir.

Ante a ofensa, sabe perdoar.

No trabalho, não procura apenas progredir, mas servir.

Nas suas atividades diárias, busca a simplicidade, sem se deixar arrastar pelo espetáculo.

Nos louvores merecidos, lembra-se de que, sem a ajuda de Deus, é impossível realizar obras boas.

Nas derrotas e fracassos, dá largas ao otimismo e revela as razões da sua esperança.

Nas relações humanas, é semeador de entusiasmos e mensageiro de alegria.

Nas relações com Deus, procura sempre conhecer e cumprir a vontade divina: o homem de fé faz o que Deus quer e ama sem condições o que Deus permite.

O espírito de sacrifício

Finalmente, a fidelidade à fé necessita de uma quarta condição: a capacidade de chegar até o fim, o espírito de sacrifício.

A nossa fé não pode ser efêmera, mas deve ser perseverante. Por ser exigente, pode atrair o desprezo, a indiferença, a marginalização, de que brotam medos, cansaço, insegurança e tentações. Mas não há fé autêntica se não se está disposto a jogar pela janela fora o que empana a sua pureza: não só ambientes hostis aos valores da fé, costumes contrários aos seus princípios, como também toda a gama de defeitos pessoais que, como a preguiça, o amor-próprio, a sensualidade, dificultam a prática de uma vida de fé.

É verdadeira a fé que suporta sem rebeldia os dissabores, que não perde a felicidade íntima nas traições, que considera como tesouros a doença e a calúnia[5].

É verdadeira a fé de quem, ante a morte repentina de um filho, sabe dizer humildemente: «Seja feita a vossa vontade», ao mesmo tempo que dá graças a Deus

---

(5) Cf. *Caminho*, n. 194.

pela alegria que visitou o seu lar durante quatro, nove, quinze anos.

É verdadeira a fé de quem recebe os filhos como uma dádiva de Deus, mesmo que tenha de cancelar aquela viagem, aquelas férias ou aquele último modelo de televisor. Assim é a fé de quem não repara em esforços e em fadigas para cumprir diariamente os desígnios de Deus.

Obrigado porque você me deu uma ocasião esplêndida de repensar a minha fé. Obrigado porque me permitiu agradecer de novo a Deus esse dom, nunca suficientemente apreciado. A sua carta ajudou-me a compreender a importância de fazer com que a minha fé não fique em palavras, mas se converta em vida. Obrigado pela oportunidade que você me deu de pedir a Deus perdão pelas vezes em que a minha fé não foi suficientemente humilde, viva, operativa, constante, sofrida. Obrigado por ter-me recordado que devo comunicar a minha fé, esta fé verdadeira, caminho de salvação e de felicidade, a todos os que se cruzem comigo pelos caminhos da minha vida. E por ter despertado em mim um desejo e uma ânsia de gritar a todos os católicos que não sejam tão obtusos, tão inconscientes, ao ponto de permitirem que lhes arranquem o maior presente que Deus lhes podia ter feito.

Fidelidade matrimonial

Carta a um amigo

Prezado amigo,

Pensei muito nas nossas conversas sobre a sua indecisão a respeito da continuidade da sua vida conjugal. Com o desejo de que você reflita com calma sobre o que falamos, escrevo-lhe consciente de que posso feri-lo com algumas das minhas considerações. Faço-o com a ambição de que estas linhas sejam capazes de deixar o seu coração ferido de amor pela sua mulher e pelos seus filhos.

Você quer ir-se embora em busca de uma felicidade que não encontra nos braços da sua esposa. Eu continuo a pensar que o caminho da felicidade verdadeira está na fidelidade. Quem não é fiel expõe-se a não poder ser feliz nesta vida e talvez na eterna.

O vínculo matrimonial – livremente contraído – exige uma recíproca e inquebrantável doação. Marido e mulher se pertencem mutuamente e nenhum dos dois pode dispor de si mesmo para oferecer-se a outra pessoa. O consentimento dado no dia do casamento parte do pressuposto necessário de que não se tentará recuperar o que então se entregou.

Você insiste em que já não ama a sua mulher e que boa parte da culpa é dela. Concedo-lhe que ela também tem que assumir a responsabilidade de não ter sabido continuar a conquistá-lo, especialmente quando começou a perceber que o seu carinho ia sendo menos dela. Mas esta parte de verdade não exime você de culpa, porque o amor que um dia prometeu tinha que ser verdadeiro, maduro, capaz de sacrifício e resistente à passagem dos anos e ao cansaço.

Você sabia que a decisão da vontade implica o esforço por superar os riscos da infidelidade: egoísmo, separações prolongadas, silêncios ressentidos; o envelhecimento natural, a vaidade de sentir-se lisonjeado por outras manifestações de afeto ou de atenção. E a isso se pode acrescentar um excessivo sentimentalismo estimulado pela imaginação, a ânsia de novas experiências, o fastio de uma vida que você julga monótona, faltas de compreensão... E tantos outros aspectos aparentemente pequenos: a comida fria, a solidão da indiferença em muitos dos seus regressos a casa, os diálogos insubstanciais, as censuras e reclamações que lhe parecem injustificadas, que vão repercutindo cada vez mais na sua vida pessoal e que nenhum dos dois soube evitar ou superar.

Há um perigo maior, que está à espreita e que você já descobriu: a infidelidade do coração. Pode começar de forma sutil, por uma falta de confiança e de comunicação recíprocas, por um real ou pretenso desafeto ou irascibilidade que se querem compensar com uma vida social e profissional demasiado intensas, unidas a expansões de amizade e simpatia por outras pessoas com quem parece que se compartilham melhores afetos. Não é verdade que tudo isto é a pura realidade?

Uma razão para lutar

Quantos motivos procura então a mente aduzir contra a vontade divina da indissolubilidade do casamento! Se eu já não amo a minha esposa – ou o meu esposo –, por que hei de continuar-lhe unido? Por que não posso refazer a minha vida e encontrar a felicidade de outra maneira?

Por quê? *Por fidelidade.* Por fidelidade a uma vocação compartilhada, em que você foi chamado por Deus para formar com o seu cônjuge uma só carne, um único ser.

Por fidelidade a um compromisso, livremente contraído diante de Deus, de não abandonar o seu consorte «até que a morte nos separe».

Por fidelidade a Deus, que estabeleceu – Ele mesmo – a indissolubilidade como propriedade essencial do matrimônio. E Ele sabe mais do que nós e fixou as leis básicas do matrimônio da forma que melhor corresponde à nossa natureza racional e maiores garantias oferece à prole engendrada. Uma fidelidade que é coerência com a sacramentalidade do casamento, a qual oferece a presença permanente de Deus no lar e garante frutos de santidade, de divinização, de graça e de paz no seio desse consórcio de vida que se iniciou diante do altar.

Por fidelidade a uns filhos que têm todo o direito de que seus pais – que os trouxeram ao mundo sem lhes pedir licença – não lhes arrebatem a possibilidade de gozar desse cálido afeto que só os verdadeiros pais podem dar.

A vida conjugal, preciosa palestra

Então, que posso fazer?, ouvi perguntar a muitos como você, assediados por dificuldades, pela miragem de soluções fáceis e cômodas ante o declínio do carinho conjugal. Que posso fazer?

E a resposta é óbvia: lutar.

Lutar até vencer os obstáculos que se tenham encontrado. Em que família não há atritos e problemas? É precisamente o sentido da fidelidade sem retrocesso que faz tirar da fraqueza as forças para vencer. Se não há outro caminho lícito e nobre, tenho que consegui-lo por este. Como é diferente a atitude de covardia infiel daquele que, ante a primeira contrariedade mais ou menos séria, já começa a ruminar a sua deserção! Lutar para vencer as diferenças de caráter, as reclamações mútuas, os defeitos e até as ofensas. Faz-se necessário curar as feridas, perdoar os agravos e encontrarem-se de novo na aceitação mútua e no perdão, acolhendo o conselho do Apóstolo: *Se vos irritais, não pequeis nem deixeis que o sol se ponha sobre a vossa cólera* (Ef 4, 26).

Mesmo em casos extremos, em que se chegou ao excesso de marido e mulher faltarem ao respeito mútuo, ainda existe solução. É necessário então acolher a chamada evangélica à conversão, dirigida aos que não souberam conservar a graça santificante. O arrependimento e o perdão mútuo, que sempre hão de estar presentes na vida cotidiana, encontram o seu momento sacramental na Penitência. Deste modo, o que o amor e a compreensão não conseguiram, consegue-o a dor, que reconstrói e aperfeiçoa a união matrimonial por meio da Confissão.

Sim, é preciso lutar para reconstruir a aliança conjugal e refazer os muros desse templo matrimonial que foram caindo, às vezes por não se terem remediado a tempo certas rachaduras ou porque se armou uma carga de dinamite nos alicerces. É necessário saber que *sempre* se pode empreender de novo a construção, mesmo que para isso haja que dedicar-se a apanhar do chão, com humildade e sacrifício, os restos do edifício em ruínas.

É preciso lutar contando com as forças próprias, ainda que às vezes sejam escassas, e com as do cônjuge, que talvez também o sejam; mas sabendo que a vida da graça converte a fraqueza em fortaleza, pois nos dá a própria fortaleza de Deus. É preciso confiar sobretudo na graça de estado, que nunca falta aos que receberam o sacramento do Matrimônio. Disso podemos estar certos. É palavra de Deus, que não pode falhar.

É preciso lutar sabendo olhar profundamente nos olhos do outro, e ver que neles aflora, timidamente nos começos e talvez aos borbotões depois, um abismo de dor e de desejos que não conseguem manifestar-se abertamente, quem sabe se para salvaguardar um resto de dignidade e pundonor doloridos.

É preciso lutar olhando para o rosto dos filhos, quando gritam em silêncio que, em última análise, eles é que seriam as vítimas inocentes de uma decisão irresponsável, apoiada num sem-fim de razões sem razão.

O amor fiel

Isto, caríssimo amigo, ainda é possível. Medite num conselho que se deve seguir sempre: os casados não podem levar a passear o seu coração com a morosidade de um taxista em busca de passageiros. Aos que brincam deste modo, poderiam dirigir-se aquelas palavras de *Caminho*: «Dás-me a impressão de que levas o coração na mão, como quem oferece uma mercadoria: Quem o quer?»[1]

Ou aquelas outras do mesmo livro que o autor dirige aos que se entregaram a Deus de corpo e alma, mas que são aplicáveis àqueles que, na ordem humana, devem ter o coração totalmente dedicado à vida conjugal: «...Não é verdade que, ao abrires algum ferrolho do teu coração – necessitas de sete ferrolhos –, mais de uma vez ficou pairando em teu horizonte sobrenatural a nuvenzinha da dúvida..., e perguntaste a ti mesmo, preocupado, apesar da tua pureza de intenção: – Não será que fui demasiado longe nas minhas manifestações exteriores de afeto?»[2].

E não resisto à tentação de copiar mais um ponto, para que você o medite e o leve à consideração de outros esposos que estejam passando por estas circunstâncias difíceis: «"Ah, se eu tivesse cortado no princípio!", disseste-me. – Oxalá não tenhas de repetir essa exclamação tardia»[3].

---

(1) *Ibidem*, n. 146.
(2) *Ibidem*, n. 161.
(3) *Ibidem*, n. 167.

Num mundo estremecido pelo ódio, pela indiferença e pela deslealdade, a família é uma magnífica escola de amor, e nenhum organismo social ou político, estatal ou privado, poderá substituí-la. E o amor fiel é a raiz da vitalidade de uma sociedade, o maior de todos os poderes humanos: é o fundamento de toda e qualquer força criadora. Se se chegasse a suprimir o amor fiel, o homem *desapareceria*. E é isto o que está em jogo quando falamos de fidelidade matrimonial.

A possibilidade de amar e ser amado sem ter que temer rasteiras torna digna a vida humana, pois é aí que se realiza e se encarna a semelhança com Deus nela impressa pelo Criador. Todo o bem-estar se rebaixa e empalidece quando é negada ao homem a segurança no seu amor. O amor fiel faz com que entre o esposo e a esposa – e entre eles e os filhos – haja uma prontidão para o sacrifício que não é possível achar em outra parte. É dentro da família constituída pela constância no bem-querer que se aprendem as formas do amor, do sacrifício e da confiança, coisas de cuja existência tudo depende no mundo. Quanto mais e melhor se conservar o amor entre os esposos, maior amor se irradiará na sociedade; quanto maior for o seu foco, maior a eficácia com que as suas chamas alcançarão a periferia. Mas se pela infidelidade e pela separação essa fonte secar, já não haverá força humana que a possa substituir.

Façamos, pois, caríssimo amigo, um firme propósito de emendar o erro. Com a sua contrição e o recomeço da sua legítima vida conjugal, você acabará gritando aos quatro ventos que não há nada que proporcione maior felicidade do que a fidelidade.

Fidelidade à verdade

Carta a um jornalista

Ficou a meio a conversa que há dias sustentamos sobre a possibilidade de sermos fiéis à verdade no nosso trabalho de jornalistas. Foi uma conversa demasiado breve para que tivéssemos podido chegar juntos a uma conclusão compartilhada acerca da nossa capacidade de encontrar e transmitir a verdade. Nesse encontro, você pareceu-me um pouco cético. Agora tomo a liberdade de tentar expressar-lhe por escrito o que não lhe pude dizer de viva voz.

Ante os inúmeros modos de informar – foram mais ou menos essas as suas palavras –, qual deles poderá ser mais verídico? Pode-se falar de fidelidade à verdade num mundo cujo principal interesse é tratar de impor a sua própria ideologia ou fazer passar o seu ponto de vista pessoal? É possível respeitar a veracidade dos fatos e dar a cada um a devida importância, perante um enxame de notícias que transbordam desmedidamente dos canais pelos quais as recebemos, vendo-nos obrigados a analisar, cortar e sintetizar? Como nos podem pedir objetividade, se devemos reduzir a centenas os milhares de palavras que nos chegam pelos teletipos? Você não acha demasiada candura acreditar no mito da neutralidade, da ausência de intenção, da assepsia no trabalho de qualquer jornalista?

Eu procuro – insistia você – ser honesto, jogar sempre limpo, dar uma visão o mais completa possível de cada acontecimento, mas não posso garantir nem exigir de mim mesmo uma responsabilidade que me escapa das mãos. A verdade foi feita para os dogmas, e no meu jornal não se dogmatiza. Eu não posso converter numa verdade de fé as minhas opiniões: escrevo com o propósito de fazer um pouco de bem, de entreter quem livremente queira ser meu leitor. Mas cada leitor deve possuir a suficiente capacidade de juízo para não conceder um crédito irrestrito às letras de imprensa. Não somos o oráculo de Delfos. Os leitores devem compreender que, por trás de cada escrito, há um ser de carne e osso, com virtudes e defeitos, cheio de boa vontade, mas carregado de preconceitos pessoais – nem todos negativos –, dos seus estudos, das suas ignorâncias e das suas próprias lealdades; convencido, além disso, de que o pedaço de papel sobre o qual escreve hoje, amanhã só servirá para embrulhar sapatos.

Não me peça que jure fidelidade à verdade, rematou você. Cada um, do jeito que pode, procura descobrir a sua própria e singular verdade.

Profissional da verdade

As suas palavras eram sinceras, no meio de um caudal de verdades misturadas com certo ceticismo. Você deixou-me pensativo, pesaroso por não termos tido tempo de analisar questões tão importantes. Só consegui dizer-lhe o que sempre pensei: nós, os jornalistas, somos profissionais da verdade, e sobre nós recai a responsabilidade de que ela se preserve na sociedade. Não é uma questão tangencial no nosso trabalho diário; é o cerne da nossa profissão. Se um jornalista renuncia a procurar a verdade e difundi-la, atraiçoa o âmago da sua vocação pessoal e social. Pode ser uma tarefa árdua, mas é preciso empreendê-la com paixão todos os dias.

Agora escrevo-lhe um pouco mais: dadas as condições da sociedade atual, cabe ao jornalista orientar o critério, os sentimentos e mesmo as paixões de uma grande parte dos cidadãos. E a tentação de ceder ao gosto de determinada clientela pode causar muitos males; um interesse mais pronunciado pelas novidades do que por aquilo que é objetivamente verdadeiro pode chegar a constituir uma mentira; dar a um pormenor meramente acidental e externo um relevo exagerado pode camuflar a realidade profunda de um fato ou distorcer a análise de uma situação. São maneiras de obscurecer a verdade e de atraiçoá-la.

A real dificuldade do jornalista que, quando muito, consegue transmitir dez por cento dos dados que recebe não justifica jamais a mentira, não desculpa a falta de objetividade e de honradez, antes pelo contrário, mais as exige. Se se engana de boa fé, tem a obrigação moral de retificar, mas a possibilidade de retificar não lhe dá o direito de propagar uma informação que sabe que é errada nem de apresentá-la a uma luz que desfigure a sua importância. E quem se limita a noticiar apenas o que favorece os seus pontos de vista lesa a verdade por omissão voluntária e incorre numa forma camuflada de mentira.

Também é infiel à verdade – de uma forma talvez traiçoeira – quem utiliza a «dialética do equívoco» que, com uma simples mudança de palavras, tenta justificar uma atitude ou uma doutrina imoral como eticamente válida. É o que se dá quando ao aborto se chama benevolamente «interrupção da gravidez não desejada»; ou quando se apresenta como marido e mulher um casal que simplesmente convive de uma forma mais ou menos permanente; ou quando se comentam revistas pornográficas sob o cândido rótulo de «educação sexual» ou em nome de uma «liberdade de expressão» que estaria ameaçada se se começasse por restringi-la de algum modo; ou quando se cobrem com o delicado título de «operações financeiras audazes» crimes de abuso de confiança nos negócios.

Mesmo no terreno sagrado do teológico, essas alterações são verdadeiros «cavalos de Troia» que pretendem transformar o sacrifício da Missa em «banquete ou assembleia»; a Transubstanciação em transignificação ou transfinalização, mais ao sabor do pensamento dos protestantes do que de acordo com a verdadeira teologia católica; os ditames da lei divina em «camisas de força» no dizer dos modernos pastoralistas. São formas variadas e enganosas com que certa linguagem disfarça as suas intenções, atraiçoando a verdade e impedindo o olhar limpo de distinguir o erro da verdade.

A sociedade tem direito à verdade

Foi um doutrinário marxista que afirmou certa vez:

«A mentira e a perfídia são anormais e vergonhosas se prejudicam a marcha revolucionária, mas são morais e louváveis quando servem a revolução».

Talvez não seja demasiado frequente uma deformação da verdade tão pungente como a que infelizmente se dá no marxismo. Mas com que facilidade recorremos a exageros, a restrições mentais, à falta de objetividade em apreciações motivadas pelo rancor ou pela raiva; com que leviandade cometemos reais injustiças quando ventilamos em público meras suspeitas ou rumores que se convertem em verdades irretorquíveis pelo simples fato de terem sido apresentadas em caracteres de imprensa! Existe um direito à verdade. Uma sociedade sadia deveria rejeitar como corpo estranho qualquer gênero de mentira: a astuciosa e manobrista dos candidatos a cargos eletivos, a dos truques da publicidade, a dos exageros dos comerciantes. Somente a íntegra e clara veracidade garante a sã convivência e a moralidade da vida cívica.

Nisto desempenha um papel definitivo o jornalismo, se for capaz de descobrir e propagar a verdade. Só se pode chamar profissão à tarefa que tem um objeto bem fundamentado; e o jornalismo só será autêntica vocação profissional se se basear na certeza de que a verdade existe. Esta firmeza não é um obstáculo ao livre exercício do jornalismo, antes pelo contrário é a única condição que o torna possível.

A apatia, a indiferença a respeito da verdade, o ceticismo de quem pergunta com a ligeireza e o desprezo de Pilatos: *O que é a verdade?*, são uma das principais causas do desconcerto em que se debatem os homens desta época. Se a verdade não é possível ou não é atraente, também deixa de ser possível e tornam-se insossas a convivência fraterna, a paz e a moral. A guerra, a violência de qualquer gênero, a destruição da família, a desvalorização da vida humana, os ódios e os desprezos de classe, têm todos como substrato e como elemento onipresente a mentira. Porque cada um, ao criar as suas próprias verdades, encontra pela frente as que afirmam os outros, falando cada um uma linguagem ininteligível para o vizinho; e, nessa torre de Babel, a confusão de línguas origina as mais variadas formas de egoísmos individualistas, as ânsias de predomínio das atitudes meramente pessoais, os ódios e as intransigências, tanto em nível familiar e social, como de povos, raças e nações. Basta ler diariamente os jornais ou assistir aos noticiários da televisão para saber que não se trata de um exagero.

Clareza é caridade

Nós, os homens, somos muito propensos a acomodar a verdade aos nossos desejos, a alimentar com erros a nossa soberba e a recorrer à mentira para comprazer a nossa sensualidade. Chegamos até a uma deformação da consciência que pretende justificar «cientificamente» o que são erros doutrinais: o casamento ou o sacerdócio temporários, o controle indiscriminado dos nascimentos, a manipulação genética, o aborto, a eutanásia, a violência criminosa. Começamos por desculpar a nossa conduta, justificando-a com base em situações-limite, às vezes provocadas de maneira fictícia, para depois nos convencermos da sua necessidade na maioria dos casos e acabarmos por defender a «bondade» e a licitude moral desses desvios.

São muitos os que, não satisfeitos com enganar-se a si próprios e tranquilizar a sua consciência cauterizada, se sentem mensageiros de uma nova moral, áugures e arautos de novas formas de conduta, defensores das suas próprias «verdades» com fervor de cruzados, empenhados em arrastar os outros para justificarem as suas doutrinas erróneas com a aprovação da massa submetida a ditames arbitrários. A audácia de uns e a fraqueza de outros levaram-nos à situação em que hoje nos encontramos. E somos nós, os jornalistas, o alto-falante de todos esses extremos.

É, pois, necessário que nos convençamos a nós mesmos, mediante uma reflexão pessoal e sincera, de que o nosso dever de comunicadores sociais é sermos os melhores intermediários da verdade e fazermos honestamente uma síntese ponderada dos acontecimentos, uma avaliação refletida dos fatos, uma análise prévia das notícias que temos de transmitir com serenidade e aguda orientação crítica para dar o justo relevo a cada acontecimento.

A nossa missão pede a máxima responsabilidade ante a variedade do público leitor e a profunda influência daquilo que dizemos. Fiéis à verdade, devemos retificar convenientemente uma notícia deformada, corrigir um silêncio calculado e manhoso, contribuir para uma meditação ponderada, até conseguir o que o Papa João Paulo II chama «um amadurecimento interior que configure a civilização do pensamento, e de que está tão necessitada a sociedade moderna, exposta aos perigos da evasão e da superficialidade».

«Sacerdote das letras»

O amor à verdade – disse-o o mesmo Pontífice – faz do jornalista um «sacerdote das letras».

A consciência de estar realizando um trabalho «sacerdotal», uma função que se insere no sacerdócio comum de todos os batizados, acentua a grandeza da nossa profissão, que, exercida em límpida coerência com o caráter sacramental do cristão, corresponde à sua genuína vocação[1].

A nossa missão é sem dúvida a de honrar e defender a virtude e o bem, a de ensinar incansavelmente que ambos estão em harmonia com a verdade do homem e a qualidade da sua vida, e que, pelo contrário, a degradação dos costumes e a convivência com o vício submetem o ser humano às mais variadas formas de penosa escravidão. Uma vez mais, temos de recordar as palavras do Senhor: *A verdade vos fará livres* (Jo 8, 32).

A necessidade de difundir a verdade deriva, pois, da essência da nossa profissão. É um talento que Deus colocou em nossas mãos para que, mediante a ela-

---

(1) Cf. João Paulo II, *Discurso*, 2-XII-1983.

boração da mente e da pena, frutifique para o bem comum. A responsabilidade, em última instância, é perante Deus.

Meu amigo, concluo estas páginas, escritas talvez desalinhadamente. Espero pelo menos não ter perdido o fio condutor que motivou as minhas palavras: a necessidade imperiosa que temos de, pelo amor à verdade, ser leais com Deus, com os homens e com a realidade.

Fidelidade ao trabalho

Carta a meu pai

Queridíssimo pai:

Quando medito na transcendência do trabalho, penso em você, na sua imagem, que me ficou gravada unida a uma ininterrupta faina fecunda e criadora. Assim entendia você a sua fidelidade a Deus, à esposa, aos filhos, à pátria. Desde criança você se treinou na fadiga, quando aos treze anos teve de responsabilizar-se pelos seus irmãos ante a ausência definitiva do avô. Você deparou com dores e alegrias, com frutos satisfatórios e esterilidades temporárias. Experimentou fracassos que a sua têmpera converteu em escola eficaz. Mas agora tudo isso é alegria, porque, ao concluir-se a parábola da sua existência, você ouviu uma voz, a mesma voz que foi a sua bússola: *Vem, servo bom e fiel...* (Mt 25, 23). E você entrou na casa do seu Senhor.

Hoje lembro-me de você, enquanto escrevo sobre a fidelidade, sobre várias fidelidades que, no fim das contas, são todas uma só. Neste momento, ocupo-me da fidelidade ao trabalho, e no meio dela vejo você. Foi o seu ensinamento de cada hora. O seu exemplo foi o ar que respirávamos em cada dia, quando respirávamos valor de eternidade junto do seu cansaço, e o próprio descanso era para você a preparação de uma nova jornada ainda mais eficaz. Este é o ambiente que continua intacto entre as minhas reminiscências de criança, o ambiente que forjou a minha adolescência, depois a minha juventude, diante da página aberta, sem segredos, da sua paternidade amável.

A sua atitude definia as palavras sem necessidade de pronunciá-las. Nela aprendemos a importância de sermos pessoas úteis à família e à sociedade. Foi essa talvez uma das razões mais específicas que me levaram ao desejo de viver a minha fé segundo o espírito do Opus Dei, que se apoia – como a porta no seu gonzo – no valor e na dignidade do trabalho profissional. Assim o disse muitas vezes o seu Fundador, pioneiro da autêntica espiritualidade do trabalho: «A vossa vocação humana é parte, e parte importante, da vossa vocação divina. Esta é a razão pela qual vos tendes que santificar – contribuindo ao mesmo tempo para a santificação dos outros, dos vossos iguais – precisamente santificando o vosso trabalho e o vosso ambiente: essa profissão ou ofício que preenche os vossos dias, que dá uma fisionomia peculiar à vossa personalidade humana, que é a vossa maneira de estar no mundo»[1].

O trabalho, fonte de virtudes

Trabalhar é amar, é servir e é voltar a criar. A construção do mundo, desde a sua origem, foi trabalho de Deus. O homem, feito à sua imagem, coadjuva a obra divina. Está nisso a sua verdadeira dignidade: em colaborar com a Criação. O trabalho engrandece a criatura e a faz abrir-se aos seus semelhantes, dando significado divino à existência terrena. É a melhor oportunidade de viver e fortalecer todas as virtudes que o Senhor nos outorgou, ao ponto de que trabalho e virtudes se tornam mutuamente necessários e seriam inconsistentes se os separássemos.

O trabalho reclama a *fé* e a *esperança* – humanas e sobrenaturais – para manter o entusiasmo numa ocupação a que não hão de faltar as adversidades, bem como para ultrapassar obstáculos que parecem intransponíveis, para recomeçar quando o esforço encalha, para conservar a alegria e o otimismo desde os verdes anos juvenis até os espremidos oitenta.

---

(1) Josemaria Escrivá, *É Cristo que passa*, 2018, Quadrante, São Paulo, n. 46.

Sem *amor* não existe um trabalho ótimo. O amor mitiga o cansaço, alimenta uma fidelidade imbatível, leva a vencer os conflitos e a continuar em frente; dá as boas-vindas aos malogros que proporcionam maturidade e oferecem experiência. Um trabalho feito por amor transborda em virtudes e não deixa campo para a preguiça nem para o aburguesamento; desfaz a monotonia e a rotina.

O sentido da *justiça* conduz à fidelidade no cumprimento da palavra empenhada, à honestidade que chega ao heroísmo, ao respeito pelos compromissos, à lealdade com os colegas, à generosidade na remuneração dos empregados.

O trabalho intensifica a *humildade*, quando se quer servir sem procurar brilho pessoal nem aplausos, quando não se tem em vista uma autorrealização egocêntrica nem a satisfação meramente utilitária, quando se procura transmitir os conhecimentos próprios aos outros, a fim de habilitá-los, ensiná-los e enriquecê-los com a experiência pessoal.

A *prudência*, virtude cardeal, protege dos erros na medida em que leva a prever o futuro sem ingenuidades nem angústias, a apaziguar inquietações irracionais, a amadurecer as respostas sem precipitar as decisões, a ponderar os problemas sem apagar o entusiasmo. Ajuda a deixar assentar os acontecimentos, mas evita ao mesmo tempo que a lentidão em resolvê-los possa criar um charco estagnado onde as ideias apodreçam.

FIDELIDADE AO TRABALHO

O bom trabalho incita à *constância*, mesmo quando as forças físicas se negam a colaborar. Convida à *fortaleza* de vencer serenamente os obstáculos e contrariedades.

É necessária *persistência* para conseguir pôr a última pedra em todos os projetos, *firmeza de caráter* para imaginar soluções quando os meios escasseiam, *espírito de sacrifício* para conservar a paz e o bom humor nos momentos difíceis: sensação de frescor em pleno suor da faina.

E *fidelidade*. A fidelidade, numa palavra, sintetiza todas as virtudes anteriores, pois é lealdade à missão que nos trouxe ao mundo para continuarmos a obra de Deus.

O cristão que se recusa a trabalhar nega o testemunho da sua fé, pois a sua entrega a Cristo significa cumprimento fiel das suas tarefas e compromissos com os homens que nele confiam e se apoiam: «Se um irmão quiser estabelecer-se entre vós, que tenha um ofício e se alimente. E se não tiver ofício, provei segundo a vossa prudência de modo que não haja nenhum cristão ocioso entre vós. No caso de não querer fazer assim, é um traficante de Cristo. Estai alerta contra esses tais» (*Didaché*, 12, 3-5). Isto escrevia-o um autor da primitiva cristandade. Dito na linguagem de hoje, um homem ocioso, para eles, era um indocumentado. O trabalho era o seu direito de «cidadania» naquela pequena comunidade.

O Evangelho do trabalho

Jesus Cristo sempre manifestou admiração e respeito pelos bons trabalhadores, quer se tratasse de tarefas grandes ou pequenas, prestigiosas ou escondidas. Nas suas parábolas, insiste nos ofícios de pastor, lavrador, médico, semeador, dona de casa, operário, servo, administrador, comerciante, e os faz dignos do Reino dos céus. Compara o apostolado ao trabalho manual de pescadores e ceifeiros. Premia com galardão eterno os que trabalharem até o final, os que se esforçarem por fazer render os talentos recebidos e derem fruto sem preguiça nem comodismos moles.

Em qualquer ser humano, a ocupação profissional tem uma importância decisiva. No cristão, tem valor santificante: uma atividade profissional exercida com amor e constância, competência e sacrifício, constitui a essência da vocação humana e, portanto, a resposta exata do homem a Deus. Umas vezes, será uma tarefa discretíssima, sem relevo, levada a cabo na intimidade do lar ou no anonimato de uma mina de carvão. Outras, repercutirá no plano nacional ou internacional. Mas ninguém jamais poderá afirmar que uma é superior à outra, nem qual delas tem maior transcendência humana ou sobrenatural.

Hoje o meu pensamento vai especialmente para meu pai, e dirige-se simultaneamente àquele que também foi meu pai, o Fundador do Opus Dei, que me ensinou a santificar o trabalho que eu já amava, a santificar-me fazendo-o sempre bem feito, a santificar os outros por meio desta forma de servi-los. Por ambos dou graças a Deus, já que de ambos aprendi a importância das minhas ocupações diárias: que o trabalho – feito com ordem e consciência – nos distingue do resto das criaturas e nos permite melhorar a matéria que passa pelas nossas mãos, o ambiente que nos circunda e as pessoas que nos rodeiam.

Agradeço a Deus o dever que tenho de trabalhar até que Ele decida como e quando começará o descanso, seu presente eterno e divino pela nossa fidelidade no tempo. Peço a Deus um longo tempo de serviço, e que possa terminá-lo como um limão espremido que foi dando o seu suco e nada reservou para si. Que seja uma vida oculta, sem brilho, mas sólida na sua base, segundo o conselho de Mons. Escrivá: «Não queiras ser como aquele catavento dourado do grande edifício; por muito que brilhe e por mais alto que esteja, não conta para a solidez da obra. – Oxalá sejas como um velho silhar oculto nos alicerces, debaixo da terra, onde ninguém te veja; por ti não desabará a casa»[2].

Assim viveu você, pai, e assim quero eu viver, como Maria e José, tornando realidade, silenciosamente, os

---

(2) *Caminho*, n. 590.

ensinamentos de seu Filho, e na esperança de escutar junto deles, algum dia, as palavras do Mestre do trabalho: *Vem, servo bom e fiel; já que foste fiel no pouco, eu te confiarei o muito. Entra no gozo do teu Senhor.*

Fidelidade à vocação

Cartas de uma mãe aflita

3 de março de 1980
Queridíssimo filho:[1]
Não pode imaginar a dor que nos aflige. Nunca pensei que se pudesse sofrer tanto. Porque estamos tocando com as mãos como é doloroso ver uma alma esfriar até perder o caminho a que Deus a chamou: torna-se ela mesma infeliz e torna infelizes os que a rodeiam. A realidade é que só se pode ser feliz sendo fiel, e põe-se em perigo a salvação própria e a dos outros quando não se persevera. Precisamos mais do que nunca de oração e de mortificação.
Produziu-se um vazio, e a nós cabe-nos supri-lo, mesmo à custa da vida. Pelo bem de N. – já que neste mo-

---

(1) Esta carta foi enviada pela mãe a um jovem cuja vocação de dedicação a Deus fraquejava como consequência da infidelidade de um parente próximo. Tal como a seguinte, escrita um mês depois, publica-se com autorização da missivista.

mento não vê, não ouve, não entende –, temos que ser mais fiéis, mais abnegados, e oferecer muita oração e muito sacrifício. Vigilantes, porque seríamos uns bobos se nos julgássemos invulneráveis. Só Deus é a nossa fortaleza, e, se nos apoiarmos nEle, nada nos pode acontecer: Ele não nos abandona; somos nós que o deixamos. Ele sempre nos dá as graças necessárias para perseverar, se somos humildes e sinceros e dóceis para nos deixarmos conduzir. Lembre-se de que a fidelidade se ganha todos os dias, em cada pequena batalha, e que somente se atraiçoa Jesus quando se lhe vai dizendo não *em muitos poucos, antes de lhe dar o beijo final de Judas. Você me entende?*

Eu costumava dizer ao Senhor que não reparasse em mim, mas nos meus filhos que o estavam amando e servindo. E não sei por quê, há uns meses – nós, as mães, temos um sexto sentido – comecei a pedir-lhe que nos olhasse a todos com compaixão porque precisávamos da sua graça e da sua salvação [...]. Esta é a minha oração agora: suplicar-lhe que não nos abandone, que não percamos o silêncio interior, agora que nos perturba tanto ruído exterior, tanta banalidade e toda a montagem de uma sociedade de consumo que simplesmente caminha na horizontal. Reflita, meu filho, digo-o de todo o coração, para que esteja prevenido.

Podem passar muitos anos e, mesmo que tenhamos feito muito bem, continuaremos a implorar a perseverança final. Que os erros deste ou daquele nos sirvam para não cair e para não ser tão tolos que queiramos fazer a experiência na nossa própria pele. Conto com você, com a sua oração, o seu sacrifício, a sua entrega a Deus... Se de verdade você nos ama, esta será a melhor maneira de nos ajudar. Estamos pregados na cruz e o aceitamos. Que não nos falte valor para continuar assim, com a confiança de que, para os que amamos a Deus, não há derrotas e tudo é para bem: um dia teremos a felicidade de estar todos juntos, felizes para sempre, na Casa de nosso Pai-Deus. Esta esperança e esta fé nos dão forças [...]. Não nos deixe. Perdoe-me se lhe abro o coração. Acho que já não o tenho. Está em pedaços. Preciso que o Senhor me dê o seu para continuar vivendo. Abençoa-o a sua mãe.

* * *

30 de março de 1980
Queridíssimo filho:
Pensava escrever-lhe, mas não tive o valor de fazê-lo antes. Acabo de terminar um retiro espiritual. Passei três dias muito unida ao Senhor, procurando a coragem de que tanto necessito, pois tanto o seu pai como eu estamos sofrendo como nunca pensamos que se podia sofrer. Precisamos mais do que nunca de estar unidos, ajudando-nos pela oração e pela mortificação, pois claramente pudemos apalpar *a presença do demônio que arremete contra nós [...].*
A sua missão é fazer mal às almas. Tudo o que li sobre a alma que uma vez esteve acesa e vibrante e pouco a pouco

foi caindo na tibieza, até acabar por desertar, nós o vemos agora com pasmo e clareza. E, acredite, não existe câncer mais espantoso do que este. Porque quem não foi fiel é o mais infeliz e miserável das criaturas. Sofre e causa sofrimento como ninguém.

Precisamos de oração e mortificação abundantes, porque temos que ver como ajudar N. a voltar a encontrar-se. Agora não enxerga – não entende –, mas Deus nos há de ouvir. Porque é muito fácil que, depois de se ter caído, se continue caindo. É como se o Senhor quisesse mostrar-me que não posso contar com nada nem com ninguém. Somente Ele é a nossa fortaleza, e a santidade é dEle [...]. Nós é que não temos correspondido às suas graças.

Para sermos fiéis a uma vocação, é preciso que saibamos dizer sim *ao Senhor, uma vez e outra, cada dia, em qualquer circunstância, até que nos chegue a morte. A vocação dura por toda a eternidade: Deus não muda de parecer; somos nós que o deixamos. E Deus, que é fiel, prometeu-nos que nos daria as graças necessárias, e a sua promessa não falha. Se formos dóceis à sua graça, se apesar de cair nos levantarmos humildemente, Ele continuará fielmente a dar-nos o seu amor. São tentações que robustecerão a nossa vida, se soubermos começar e recomeçar, sem escutar a voz do demônio que sabe por onde e de que modo infiltrar-se.*

Deus nos fala sempre, filho, e o faz com a paciência infinita de um Pai que nos ama. Não endureçamos o coração. Ouçamo-lo e obedeçamos-lhe, e seremos muito fe-

lizes. Porque hoje eu sei que santidade e fidelidade são sinônimos de felicidade. E o pecado é desunião, tristeza e dor. Se matarmos a graça, mataremos a nossa felicidade e, pior ainda, não há dúvida nenhuma de que estaremos em perigo de perder a nossa alma e a dos outros, que contavam com as graças que nós lhes faríamos chegar. O saber que de nós, da nossa fidelidade, dependem muitas coisas e a ajuda que devemos aos nossos, tem que animar-nos a continuar em frente, ainda que tenhamos que perder a vida [...].
Confiamos em que, se você nos ama de verdade, em Cristo, não nos falhará.
Abençoa-o e lhe quer com toda a alma a sua mãe.

* * *

Resposta à mãe

19 de março de 1985

Prezada senhora:

Através de um sacerdote amigo da sua família – e meu amigo – tomei conhecimento das duas comoventes cartas escritas pela senhora ao seu filho. Como vinha pensando nestes dias sobre a virtude da fidelidade, as suas palavras serviram-me para refletir na presença de Deus sobre a chamada pessoal que o Senhor nos dirige, como inapreciável vocação para levarmos a cabo na terra a missão que Ele mesmo nos atribui até à eternidade.

Os que as lerem agora experimentarão o estremecimento singular que produzem, porque, quando se fala de vocação, fala-se de todos os seres humanos. Todos somos chamados por Deus: o religioso, numa consagração que o separa do mundo para que dê testemunho de que somente o espírito das bem-aventuranças poderá salvar a humanidade; o sacerdote, missionário do campo e da cidade, pregoeiro da Palavra de Deus e instrumento da graça que deve comunicar administrando generosamente os sacramentos legados por Cristo; o fiel cristão, empenhado em ordenar os assuntos terrenos segundo as leis divinas: família, trabalho, sofrimentos, sonhos, no governo do mundo e no melhoramento do universo que nos foi entregue para que o aperfeiçoássemos. Todos ouvimos algum dia uma voz interior que saltava da leitura de um texto do Evangelho ou de alguma página de um autor espiritual; ou a palavra em confidência de um amigo que nos abria um panorama novo e denso, sugerindo-nos a possibilidade de começarmos a viver de uma maneira diferente, em seguimento de Cristo pelo caminho que nos foi fixado desde toda a eternidade.

Sacerdotes, religiosos, leigos, fomos marcados na alma com o selo do amor que nos descobria como que por acaso um caminho. Deus quis fazer-nos instrumentos dos seus anelos redentores e santificadores. Um dia qualquer, fomos convidados a considerar essa escolha feita *desde a constituição do mundo*, e a viver de acordo com a dignidade e a responsabilidade dos filhos de Deus. Foi uma luz nova que nos fez entrever a razão da nossa presença na terra. Deus pousava os olhos em cada um de nós, dando-nos a entender, num instante determinado, que a nossa entrada no mundo dos mortais tinha uma causa importante. Como nos dias que se seguiram ao nascimento do Verbo encarnado, o resplendor de uma estrela conduzia-nos irresistivelmente em direção ao Cordeiro de Deus, para colaborarmos com Ele em oração e sacrifício. Desde então, o nosso andar pelos caminhos da história, ainda que continuasse a ser fatigante, passou a ser menos incerto, mais luminoso. Não há ser humano algum sem vocação divina. E a primeira missão de cada um é descobrir o sentido da sua vida. A segunda é realizá-la segundo os planos de Deus, sendo fiéis a esse chamamento peculiar.

Um convite divino

As suas palavras, minha senhora, tocam um tema definitivo e movem a alma a um exame valente sobre o modo como correspondemos ao convite divino. É importante sermos fiéis a uma amizade, na vida conjugal, no trabalho. Mas isso não são mais do que fidelidades parciais ou aspectos da fidelidade definitiva a Deus. É importante sermos consequentes com os compromissos que assumimos voluntariamente, mas, quando a iniciativa do compromisso parte de Deus, como no caso da vocação divina, o que está em jogo é o cumprimento pleno da Providência de Deus.

A senhora diz bem: a chamada do Senhor é irrevogável. A vocação sobrenatural não desaparece pelo simples fato de a expulsarmos da nossa vida. E de que sejamos ou não fiéis a ela depende a eternidade. É um caminho, e a infidelidade ao caminho é a forma mais simples de não se chegar à meta.

A infidelidade golpeia e frustra a personalidade e muitas vidas próximas. Faz da pessoa um ser estranho a si mesmo e aos outros. As graças que Deus lhe destinara para facilitar-lhe o cumprimento de uma missão, e que desperdiça uma após outra, arrastam-na para uma triste solidão. Aquele que, ao tomar conhecimento da sua vocação, pronunciou esse *sim* vinculante, fica definitivamente ligado, com laços de liberdade e amor, aos planos de Deus. O seu compromisso é total e a sua felicidade certíssima, se não trocar a chamada por um *não* quando aparecerem a dor e as dificuldades.

Deus sabe agradecer a generosidade de quem um dia lhe disse: «Senhor, aqui me tens às tuas ordens», e depois não repara em obstáculos ou contrariedades, nem em circunstâncias de doenças ou de cansaço. É uma bela maneira de viver: comprometidos, dedicados a realizar uma tarefa com repercussões eternas. Aos seus escolhidos, Deus os necessita fiéis. Tem o direito de não ser enganado e de que não tentemos roubar da nossa vida aquilo que Ele mesmo lá colocou, e que é dEle e lhe pertence.

Ante a vocação divina, somente é possível uma fidelidade sem paliativos nem traições. Pode haver altos e baixos, avanços e retrocessos, mas a fidelidade é intocável. Com que força e convicção de mãe boa diz a senhora na sua carta que a vocação é um olhar terno de Deus, uma prova de predileção divina! O próprio Deus o ditou ao coração do seu profeta Isaías: *Eu te chamei pelo teu nome: tu és meu!* (Is 43, 1). Não é possível dizê-lo com palavras melhores: eu sou de Deus. Ele conta comigo. Ele precisa de mim.

A fidelidade, juventude renovada do amor

A chamada divina produz-se num momento preciso, mas a resposta tem que ser contínua e permanente ao longo dos constantes desdobramentos do querer divino. A primeira decisão constitui o fundamento do longo caminho, que só chega ao seu termo no céu e que deve ser mantido o mais intacto possível, sem solução de continuidade, sem gretas nem fissuras que o desmoronem.

Isto só se consegue se se procura cada dia crescer no amor, torná-lo mais consciente e mais maduro, mais vigoroso em cada jornada. A fidelidade é uma juventude que se renova pelo carinho e pelo esforço permanente por conservar vivo o fogo que o próprio Deus ateou. Por isso se entende bem a censura do Apocalipse quando diz: *Tenho contra ti que perdeste o fervor* – a qualidade – *do teu primeiro amor* (Ap 2, 4).

A tibieza, que é esfriamento do amor, arrebata a clareza da visão, pois faz abandonar o exame de consciência que leva a fazer propósitos concretos. Das práticas de piedade, que deveriam dar paz, o tíbio só tira tristeza. A perda de gosto pelas coisas do espírito leva-o então a procurar compensações terrenas e a desviar os propósitos da sua vida sobrenatural para atividades puramente naturais, substitutivas e enganosas; a apagar a sede de Deus em caprichos insubstanciais; a trocar a conversa a fundo com Deus e de Deus por um palavrório frívolo e vaidoso. Está muito perto da infidelidade quem não percebe o perigo da tibieza, quem despreza os detalhes pequenos da amizade com Deus e faz ouvidos surdos às insistentes chamadas da voz da consciência, que muitas vezes adquirem tom e sentido de censura.

É bom que nos recordem a necessidade de sermos fiéis, mais ainda se o fazem com acentos de mãe. Por ser difícil, a fidelidade tem que ser estimulada a cada passo, e a sua chama constantemente reanimada. Dos meus anos de infância na minha cidade natal, ainda me lembro do esmero com que minha mãe removia todas as manhãs as cinzas que desde a noite anterior cobriam o carvão, e depois soprava sobre ele: o rubi das brasas acesas, prontas para iniciarem a sua faina matutina, parecia exprimir com alvoroço esse poder de manter aceso o fogo que eu admirava tanto em minha mãe nos meus avoados cinco anos. Com o passar do tempo, cheguei a compreender que, desse mesmo modo, todas as mães boas cuidam da fidelidade dos seus filhos aos valores eternos e ao amor de Deus, como o faz também Aquela que é a Mãe de todas as mães, a Santíssima Virgem: «O amor à nossa Mãe será sopro que atice em fogo vivo as brasas de virtude que estão ocultas sob o rescaldo da tua tibieza»[2].

Sê fiel até à morte

A vocação não se extingue. Às vezes, parece obscurecer-se, quando os nossos olhos se enchem das coisas da terra. Mas a estrela está aí, como no caso dos Magos que procuravam o Messias. E volta a brilhar, fantástica e bela, enchendo-nos de sonhos e de esperança, quando a redescobrimos depois de orar ou de nos abrirmos humildemente aos que nos podem guiar. A alegria renasce, renasce a paz e, com ela, a alma sabe que Deus continua a chamá-la e a esperar por ela na eternidade.

A pessoa fiel só poderá sê-lo se perseverar até o fim, já que a fidelidade é virtude de vencedores, dos que permanecem no primeiro amor até o último alento. Como

---

(2) *Ibidem*, n. 492.

diz a senhora, é precisa muita oração, a conversa com Deus com a simplicidade de um filho; é preciso um espírito de sacrifício que chegue ao esquecimento próprio na humildade, na luta permanente, e é necessária uma confiança feita de abandono pleno naqueles que dirigem a nossa alma por caminhos seguros.

É preciso começar e recomeçar todos os dias, sem nos importarmos com a gravidade e a persistência das nossas fraquezas e erros. O filho pródigo deu-nos uma lição inesquecível: sempre se pode regressar ao lar, na certeza de que a toda a hora nos espera um Pai carinhoso, com os braços abertos e cheios de misericórdia, disposto a envolver-nos neles e a vestir-nos de novo com a sua graça no admirável sacramento do perdão.

E uma vez confessados os nossos pecados e absolvidos das nossas culpas, engalanados pela graça com vestes novas e resplandecentes, felizes com a alegria da festa que explode no céu pela nossa conversão, voltamos a trabalhar de novo na herdade de Deus, onde campos férteis esperam a nossa entrega e os trigais se agitam já em cores douradas, preparados para dar grãos abundantes prontos para a ceifa. Quando passarem os anos, será motivo de orgulho e de felicidade vermo-nos rodeados de pessoas mais novas que estreiam sonhos e seguem as nossas pegadas, de olhos postos no rasto luminoso que fomos deixando por termos sido fiéis à vocação divina.

Senhora, a sua carta é uma belíssima oração acolhida por Deus. Mesmo que o resultado aparente que os seus olhos cheios de lágrimas tenham contemplado possa ter sido negativo, não há dúvida de que a senhora encontrará no céu o fruto dos seus desvelos. Jesus Cristo foi um bom filho e sempre escutou a sua Mãe. Em toda a prece de uma mãe angustiada, Ele continua a ouvir a doce voz de Maria.

Obrigado pelas palavras que a senhora dirigiu ao seu filho e que tanto bem me fizeram. Continuarão fazendo bem a todos os que, lendo-as, renovarem a sua lealdade a Deus e decidirem outra vez permanecer sempre fiéis à chamada divina.

Fidelidade à Igreja

Carta a um sacerdote que acaba de falecer

Maio de 1972

Caríssimo Francisco:

Você foi-se embora sem nos avisar. Sempre foi amigo de fazer as coisas importantes em silêncio e sem ruído. O ruído, você o deixava para as piadas, e as palavras, para pregar a Verdade e para dizer aos que éramos seus amigos os nossos defeitos.

Agora você se foi como se vão os bons: trabalhando. E terá entrado no céu contando piadas, embora talvez tenha tido que fazer um relatório doloroso, em vista da época que estamos vivendo. Conte-lhe. Conte a Jesus Cristo que aqui embaixo estamos passando muito mal, que alguns pastores estão abandonando o seu rebanho. Diga ao Senhor – que sempre foi seu amigo e de confiança – que o povo de Deus está ficando só. Diga-lhe também que há pastores que se fecharam no silêncio; que se apossou de nós um sono tremendo, e que o inimigo se aproveita disso para semear cizânia nos campos cultivados da Igreja. Ele se lembrará bem, porque já nos tinha prevenido disso com as suas palavras.

Diga-lhe que se aproxime dos bispos e dos sacerdotes, para os fortalecer na fé. Diga-lhe que sozinhos não somos capazes de resistir, mas que, com Ele, até as pedras darão boa doutrina. Estão-na arrancando, e ninguém protesta: somos covardes. Você foi valente. Falou claramente. E sofria. Sofria pela Igreja.

Que esteja contente. Que continue rindo pela eternidade. Que seja feliz. Aí está-se bem. Está-se bem ao lado do Amor a quem entregamos a nossa vida.

É claro que você nos vai fazer falta. Mas a sua lembrança há de estimular-nos a ser fiéis até o fim, a morrer sacerdotes e trabalhando, a falar de Deus e só de Deus, a servir as almas até o último dia, como você.

Não nos esqueça diante do Pai. Peça-lhe que faça fiéis – fortes – os Pastores da grei. Diga-lhe coisas boas de nós e peça ao Dono da messe que envie operários abundantes e firmes à sua messe.

Você se foi embora em maio. Teve sorte. Foi pelas mãos de Maria. Você a amava, não é verdade? Foi-se para junto dEla. Dê-lhe lembranças carinhosas da minha parte. Diga-lhe que eu também a amo, e que precisamos do seu afeto de Mãe junto de nós.

Você não quis despedir-se. Pelo menos, prepare-nos um lugar entre os seus. E ajude-nos a continuar lutando.

Um forte abraço do seu amigo de sempre.

Uma nova carta

Janeiro de 1985.

Caríssimo Francisco:

Hoje, revendo uns papéis, encontrei a carta que lhe escrevi logo que tive notícia do seu falecimento. Era uma queixa de dor, que lhe pedi que transmitisse ao Senhor quando você estava a caminho da Casa do céu. Passaram-se doze anos e sinto a necessidade de escrever--lhe para voltar a desabafar.

A Igreja continua a passar por uma fase muito dura. Deserções de sacerdotes e de religiosos; seminários quase vazios ou preenchidos Deus sabe como; catecismos e cartilhas que calam verdades fundamentais. Falsos ecumenismos – como os chamou Paulo VI – que pretendem pôr em plano de igualdade a verdade e o erro, aguando um pouco os dogmas para tornar mais fácil que sejam aceitos pelos «irmãos separados». A Eucaristia e a Presença real de Cristo postas em dúvida. A Confissão sacramental convertida em muitas igrejas numa anônima celebração comunitária. O magistério do Papa equiparado à opinião de qualquer assim chamado teólogo. A Revelação reduzida a uma maneira de pensar dos tempos dos Apóstolos. «Releituras» dos textos sagrados com chave marxista. Os privilégios da Virgem Maria silenciados. Numa palavra: uma crise enorme de fidelidade, cuja responsabilidade gravita sobretudo em torno da nossa atitude, a dos sacerdotes. E um mutismo incrível, doloroso, daqueles a quem Deus confiou a missão de servir de atalaias. Cumprem-se ao pé da letra as pungentes palavras de Isaías: *Os nossos guardiães estão todos cegos, não compreendem nada; são todos cães mudos que não sabem ladrar* (Is 56, 10).

Naturalmente, nem tudo vai mal. Há muitas esperanças e muita santidade: heroísmos discretos de que pouco se fala, não só em recintos apartados do mundo como na vida cotidiana do lar ou no meio dos afazeres da rua. E agora um Papa que talvez seja o melhor presente de Cristo à sua Esposa Imaculada no período de muitos anos. Graças a Deus, neste século, todos os Sumos Pontífices foram providenciais, cada um no seu momento. Mas devo dizer-lhe que João Paulo II conquistou o mundo com a sua bondade, com a sua capacidade de fazer-se amar e a sua extraordinária firmeza em dizer a verdade e chamar as coisas pelo seu nome, em viver e falar somente de Cristo, da sua Mãe bendita e da Igreja. Em todos os seus colóquios de amor eterno com a Santíssima Trindade, peça-lhe que no-lo conserve por muitos anos.

Instrumentos de unidade

Peça também por mim, para que saiba ser fiel à Igreja de Deus a que quero dedicar toda a minha vida.

Peça por todos nós, para que sejamos instrumentos de unidade numa época em que ao substantivo Igreja se pretendem acrescentar adjetivos que, em vez de enriquecê-la, a empobrecem: igreja latino-americana, igreja dos pobres, igreja revolucionária, igrejas conservadoras e igrejas progressistas. Quando há apenas um qualificativo autêntico: *Igreja de Cristo*, aquela que tem as suas raízes nos Apóstolos e que a tradição secular definiu com o entranhado nome de Católica Romana.

Peça por nós, para que não nos deixemos arrastar por mentalidades de partido único, de igrejas pequeninas encerradas em redutos que pretendem ter uma verdade exclusiva, absorvente, ditatorial. Que tenhamos a humildade de não querer nunca aparecer como inovadores de ideologias chamativas e não maltratemos nenhum outro cristão que em temas de livre opinião tenha ideias diferentes das nossas. Que respeitemos sempre os diversos e variados carismas que o Espírito Santo suscitou e que jamais mexamos um dedo para apagar a mais leve luz que se acenda em nome de Cristo.

Peça pelos sacerdotes e religiosos, para que não ouçamos outra voz alentadora que não a do Santo Padre e a daqueles que, em unidade com ele, têm a missão, o direito e o dever de mostrar-nos o caminho. Faz muito mal, caro Francisco, que a palavra do Supremo Pastor chegue aos ouvidos e à mente dos fiéis com ecos tão diferentes. Hoje, torna-se difícil saber onde está o bem e onde está o mal. A voz de Paulo VI, num documento inesquecível, é um testemunho confrangedor: «Se o Evangelho que proclamamos aparece despedaçado por querelas doutrinais, por polarizações ideológicas ou por condenações recíprocas entre cristãos, ao sabor das suas diferentes teorias sobre Cristo e sobre a Igreja, e mesmo por causa das suas diferentes concepções sobre a sociedade e as instituições humanas, como pretender que aqueles a quem se dirige a nossa pregação não fiquem perturbados, desorientados, se não escandalizados?»[1] A unidade – disse-o o Senhor – será a prova de que somos dEle e a garantia de sermos seus enviados.

Peça a Deus que não permitamos mutilações na verdade sobre Cristo, nem aceitemos «releituras» do Evangelho com pretensas adaptações à época de hoje; que saibamos guardar imaculada a doutrina que, como depósito divino, nos foi confiada enquanto pastores de um pequeno e íntimo rebanho; que utilizemos palavras novas e adequadas à capacidade e mentalidade dos que nos queiram escutar, mas não pretendamos inventar verdades novas, pois a novidade está na forma, nunca no conteúdo; que nos esqueçamos, ao menos enquanto ensinamos, de opiniões pessoais, de sabedorias terrenas, de emaranhadas correntes de pensamentos cambiantes, para cingir-nos, obedientes e dóceis, ao Magistério comum do Santo Padre e dos bispos em comunhão com ele; que não nos sintamos donos nem árbitros da Palavra de Deus, mas seus depositários, herdeiros e servi-

---

(1) Paulo VI, Exortação apostólica *Evangelii nuntiandi*, 8-XII-1975, n. 77.

FIDELIDADE À IGREJA 129

dores; que guardemos, defendamos e comuniquemos a verdade, sem nunca dissimulá-la pelo desejo de ser admirados, de chamar a atenção ou por originalidade.

Portadores da verdade

Peça ao Senhor também por mim, para que não silencie a verdade plena sobre Jesus Cristo nem mutile a sua personalidade total, tão divina e tão humana; para que veja em Jesus o Filho de Deus, conatural com o Pai, ao mesmo tempo que herdeiro de uma natureza humana nas entranhas puríssimas da Virgem Maria, de uma natureza tão certa como a minha; para que aceite com agradecimento o seu plano de salvação e me levante cada dia por meio da contrição e, ao menos cada semana, por meio da Confissão sacramental, voltando a viver, como o filho pródigo, nas correntes redentoras do amor e da graça; para que saiba propor à consciência de todos a verdade evangélica e a salvação oferecida por Jesus Cristo, com plena clareza e ao mesmo tempo com um profundo respeito pela liberdade das consciências; para que não me atemorize perante os que afirmam que mostrar lucidamente o verdadeiro caminho da salvação pode ser um atentado contra a liberdade religiosa. «Pode ser um crime contra a liberdade alheia – direi com Paulo VI – proclamar com alegria a Boa Nova conhecida graças à misericórdia do Senhor? Ou será que unicamente a mentira, o erro, a degradação e a pornografia hão de ter o direito de ser propostas e, infelizmente, até impostas com frequência por uma propaganda destrutiva, difundida mediante os meios de comunicação social, pela tolerância legal, pela covardia dos bons e pela audácia dos maus?»[2]. É verdade que muitos homens poderão salvar-se por outros caminhos, graças à misericórdia de Deus, se nós não lhes anunciarmos o Evangelho. Mas poderemos nós salvar-nos se, por negligência ou medo, por vergonha ou por ideias falsas, nos omitirmos em anunciá-lo? Deus não queira nos seus sacerdotes semelhante infidelidade.

Peça pelos que trabalhamos nesta terra, para que nunca nos falte caridade nem compreensão, e cultivemos a convivência com todos os que caminham pelas mesmas sendas da fé; que, por um ecumenismo mal entendido, ao acolhermos de braços abertos os que se afastaram da verdade ou do bem, não ofendamos os que caminham ao nosso lado; que nunca causemos feridas com atitudes hostis, duras e intransigentes; que saibamos acolher com mansidão não só os que nos tratam bem, mas também os que nos rejeitam; que compreendamos os que não nos compreendem; que os entendamos, os aceitemos e lhes concedamos o direito de negar os nossos direitos: unicamente pelo amor que lhes professamos.

---

(2) *Ibidem.*

Peça a Deus que sempre vejamos na Igreja o verdadeiro rosto de Cristo e possamos pronunciar com todas as veras da alma – não só com a voz, mas com atos – essas palavras breves e expressivas que, saindo do coração, enchiam orgulhosamente os lábios do Fundador do Opus Dei: «Amo a minha Mãe, a Igreja Santa».

Sim, Francisco. Somos muitos os que queremos ser fiéis à Igreja. Nem mais que outros, nem menos que ninguém. Simplesmente fiéis. Porque sabemos que nela Jesus Cristo vive a sua Epifania perene, prolongando a sua presença visível no mundo, num mundo necessitado do amor efetivo e misericordioso de um Deus que se dignou habitar entre nós, humanizar-se, para que nós os homens pudéssemos enxertar-nos nEle e assim divinizar-nos.

Pregoeiros de uma moral de salvação

Quero ser pessoalmente fiel à Igreja em que aprendi a rezar, dirigindo-me com confiança de filho ao Deus três vezes santo. Em que aprendi o valor do sofrimento que dá sentido ao sacrifício, ao trabalho, à escassez, à fadiga. A essa Igreja que, com a sua doutrina moral, dá luzes claras à minha consciência para saber o que é certo e o que é errado; que me anima a ser casto, humilde, sóbrio e desprendido.

Quero ser fiel à Igreja católica, universal. Que não distingue entre raças e entre cores. Que não discrimina ninguém. Amo o dinamismo sobrenatural desta Igreja capaz de penetrar e enriquecer qualquer ambiente, qualquer mentalidade em todos os tempos.

Quero ser fiel à Igreja por meio da obediência. Amo essa submissão que o próprio Cristo viveu e que o levou à morte. Não me é fácil dobrar a minha vontade, mas quero essa submissão intencional que dá liberdade às asas do amor até fazê-lo atingir o Reino dos céus.

Quero ser fiel à Igreja observando até nos seus menores detalhes as indicações litúrgicas e disciplinares que o Magistério traçou.

Devo confessar-lhe que não entendo bem as razões dos que se empenham em que a Igreja viva pedindo perdão por tudo o que nós, cristãos, fizemos de errado ao longo da história. É verdade que não faltou na Igreja nem o pecado nem a infidelidade humana. É a cizânia que permanecerá até o fim dos tempos misturada com o bom trigo. Todos os dias se encerram num mesmo redil as ovelhas rebeldes e as mansas. A rede lançada ao mar traz todo o gênero de peixes. Assim nos falou o Senhor, dando-nos a entender que a Igreja, a *sua* Igreja, é constituída por justos e pecadores, por leais e traidores; ainda que, bem vistas as coisas, em volta de todos nós ronde o pecado, e a infidelidade esteja diariamente presente nos que somos, no entanto, conhecidos pelo doce nome de fiéis; ou de santos, como costumavam denominar-se os primeiros cristãos, que se designavam assim, não porque o fossem, mas porque estavam chamados a sê-lo por vocação. Sim, Francisco, todos somos pecadores com maior ou menor amor a Jesus Cristo. Todos somos pessoalmente responsáveis pelas manchas que desfeiam a Igreja, e, por isso, o *mea culpa* deve ser entoado individualmente, não coletivamente. Posso duvidar de mim mesmo, mas não da origem divina, da missão sobrenatural e do caráter salvador de todos os atos da Igreja.

A Igreja, Mãe santa

Como afirmou com humilde clareza o Fundador do Opus Dei, «o mistério da santidade da Igreja – essa luz original que as sombras das baixezas humanas podem ocultar – rejeita até o menor pensamento de suspeita ou de dúvida sobre a beleza da nossa Mãe. Não se pode tolerar sem protesto que haja quem a insulte [...].

«A nossa Mãe é santa porque nasceu pura e continuará sem mácula pela eternidade. Se em determinadas ocasiões não sabemos descobrir o seu rosto formoso, limpemos nós os nossos olhos; se notamos que a sua voz não nos agrada, tiremos dos nossos ouvidos a dureza que nos impede de ouvir, no seu devido tom, os silvos do Pastor amoroso. A nossa Mãe é santa com a santidade de Cristo, a quem está unida no Corpo –

que somos todos nós – e no espírito, que é o Espírito Santo, assentado também no coração de cada um de nós, se nos conservamos na graça de Deus»[3]. É possível dizê-lo melhor?

Francisco, você, que já chegou à meta, reze por mim e por todos os sacerdotes que ainda peregrinamos nesta terra, para que possamos morrer sendo fiéis e amando até o fim. Que saibamos preparar-nos mais, estudar, rezar e sacrificar-nos para sermos servos eficazes dos nossos irmãos. Que queiramos, como Cristo na Última Ceia, pôr-nos de joelhos para lavar e beijar os pés daqueles a quem fomos enviados, com o único desejo de servir a Igreja, não segundo os nossos caprichos ou os nossos modos de ser ou de sentir, mas como a própria Igreja o quer.

Abri-lhe intimamente o meu coração. De vez em quando é preciso fazê-lo, quando a Igreja nos dói. E para isso ninguém melhor do que você, que vê o rosto de Deus e pode compreender – com todos os que chegaram à meta – quanto vale e quanto conta a fidelidade à Igreja, essa fidelidade que, sem alardes nem reticências, eu quereria sempre viver.

Ao concluir esta carta, que você pôde ler enquanto a escrevia, quero invocar de novo a doce Mãe de Deus, Virgem fiel e Mãe da Igreja, para implorar-lhe o seu

---

(3) Josemaria Escrivá, *Lealtad a la Iglesia*, em *Amar a la Iglesia*, 1986, Ed. Palabra, Madri, pp. 72-73.

auxílio e proteção. Mãe boa: sei que não te merecemos, mas precisamos de ti. Ajuda os teus sacerdotes a serem sempre fiéis ao teu Filho e, por Ele, com Ele e nEle, à Igreja que Ele próprio nos legou.

Fidelidade ao celibato

Carta de uma leitora

Pondo em ordem papéis velhos, encontrei uma longa carta em que me faziam várias perguntas sobre o tema que naquele momento se discutia nos jornais com certo acaloramento. Quem me enviou a carta anexava uma série de recortes de imprensa com ideias contrapostas sobre o assunto. O primeiro que li foi o de uma carta publicada em «La Stampa» de Turim, de 7 de março de 1969. Era de uma mulher que se casara com um sacerdote e queria manifestar os seus sentimentos a esse respeito. Dizia assim:

«Os jornais abriram a campanha com o tema: «Os sacerdotes devem casar-se?» Confesso que tenho lido com atenção tudo o que se vem publicando sobre o assunto. Com esta carta, pretendo responder, não aos sacerdotes, mas a todas as mulheres que estejam pensando em fazer a sua vida ao lado de um eclesiástico. Também eu achei um

dia que podia construí-la com um deles. Era um homem muito bom moço, muito delicado, de alma encantadora; e eu me sentia terrivelmente só.

Atualmente, estou casada com ele. E não estou só... por fora. Por dentro, que triste solidão, que angústia a que experimento. Motivos? Já não o vejo celebrar a Missa. Está «por fora». É possível que se sinta mais unido a Deus do que antes. Trata de ser muito afetuoso comigo, está cheio de provas de consideração, mas eu percebo que não me pertence, que nunca foi meu completamente. O homem que havia nele era demasiado pequeno para avantajar-se ao sacerdote que servia um Senhor tão grande. Quantas lágrimas tive que derramar. Que o Senhor tenha em conta a minha contínua dor e me perdoe por lhe ter arrebatado o que lhe pertencia.

Sei muito bem que vai chegar um dia em que me deixará. Quererá regressar ao seu ministério. É verdade que voltarei a ficar só, mas essa solidão será como uma bênção e ao mesmo tempo uma expiação pelo que fiz um dia.

Quereria explicar o meu grande erro a todas as mulheres que desejem imitar o meu exemplo. Dizer-lhes que entre elas e esse sacerdote tão bem apessoado, tão atraente, há um abismo enorme que se chama uma «mão consagrada, ungida». Ninguém consegue imaginar o que significam estas palavras tão simples. É preciso tê-lo experimentado.

Há poucos dias, estava com ele à mesa. Até a sua maneira de tomar o vinho me impressionava, porque já não era com o mesmo fim com que costumava fazê-lo quando *celebrava a Missa. Ainda ontem me dizia que tinha sonhado na véspera com um rebanho cujas ovelhas estavam todas dispersas. E acrescentou: precisavam de um pastor. Veem, queridas amigas? Ele é agora, mais do que nunca, do Senhor. Eu, pelo contrário, não sou mais do que a lembrança da sua deserção. Queridas leitoras: deixem tranquilos os padres. Eles pertencem unicamente a Deus. Não podemos declarar guerra a Deus porque, mais cedo ou mais tarde, é Ele quem ganha. Tânia».*

Tenho também diante de mim o recorte de uma carta de alguém que se manifesta ofendido com o Papa Paulo VI porque, referindo-se aos sacerdotes que abandonam o celibato e o exercício ministerial, mencionou a dor do Senhor na Última Ceia, na presença de Judas: «Oprime o coração vê-lo sentado no ágape pascal [...]. Quem não sente um estremecimento no coração ante o comentário ainda mais grave e terrível de Jesus: *Melhor fora para esse homem não ter nascido*».

Diante dessas alusões, isoladas do contexto de toda a homilia do Papa na Quinta-feira Santa de 1971, o sacerdote responde com virulência ao Pontífice e afirma paladinamente: «Há muitos que, ao mesmo tempo que recebem o louvor pastoral da fidelidade, são traidores sacrílegos».

Mas vejamos como prossegue Paulo VI: «Irmãos, não posso pensar neste trágico drama pascal sem que também no meu espírito de bispo e de pastor se associe a memória do abandono, da fuga de tantos irmãos no sacerdócio do nosso cenáculo de "dispenseiros de Deus". Já sei, já sei, é preciso distinguir caso por caso, é preciso compreender, é preciso desculpar, é preciso compadecer-se, é preciso perdoar, talvez seja preciso permanecer à espera, e é preciso sempre amar. E lembrar-se, num amor angustiado, que também estes irmãos, por mais infortunados ou desertores que sejam, estão marcados com o selo indelével do Espírito, que os qualifica como sacerdotes para sempre, seja qual for a metamorfose a que se submetam exterior e socialmente, e que muitos reclamam por vis motivos terrenos. Mas como não perceber nesta hora de comunhão os postos vazios desses que um dia foram nossos comensais? Como não chorar pela defecção consciente de alguns, como não deplorar a mediocridade moral que quereria achar coisa natural e lógica a quebra de uma promessa pessoal, longamente meditada, solenemente professada perante Cristo e perante a Igreja? Como não rogar esta tarde por esses irmãos que fugiram e pelas comunidades que eles abandonaram e escandalizaram?»

Liberdade no amor

Uma das perguntas que me faziam naquela carta versava precisamente sobre a desnecessária exigência do celibato sacerdotal que, estabelecido na Igreja num certo momento histórico, poderia com a mesma facilidade ser derrogado.

Certamente, a Igreja não sustenta que essa disposição seja exigida pela própria natureza do sacerdócio, mas a decisão que tomou, desde o século IV, de não aceitar no sacerdócio quem não tenha recebido antes o dom do celibato foi firmemente sustentada como irreformável. É uma maneira de concretizar o convite evangélico de abandonar família, redes, interesses humanos, tudo, para se chegar a uma dedicação plena ao serviço de Deus. A Igreja não obriga ninguém – nem poderia – a permanecer solteiro. Mas tomou a decisão irrevogável de não ordenar senão solteiros, não para acrescentar novas dificuldades ao sacerdócio ministerial, mas, ao contrário, para tirar dos que se ordenam um peso que dificultaria ainda mais a já laboriosa tarefa de se dedicarem em cheio ao serviço da Igreja e das almas.

Comentando esta posição, já mais que milenária, João Paulo II vê nela «uma íntima conexão com a linguagem do Evangelho», pelo que não lhe parece que possa ser reformada nem atenuada. «Podemos apenas tentar compreender este problema mais profundamente e responder-lhe mais maduramente, libertando-nos tanto das várias objeções que sempre – como acontece hoje também – se levantaram contra o celibato sacerdotal, como das diversas interpretações que se prendem com critérios estranhos ao Evangelho, à Tradição e ao Magistério da Igreja; critérios, acrescentemos, cuja exatidão e base "antropológica" se revelam muito duvidosos e de valor relativo»[1].

O celibato não é um fardo, mas um dom do Espírito. Não é um peso acrescentado à fadiga do sacerdócio. É um tesouro que – glosando São Paulo (2 Cor 4, 7) – *trazemos em vasos de barro* frágil e quebradiço. Não é um tributo que se deva pagar ao Senhor como preço para sermos recebidos na identificação com Cristo: é um dom recebido da sua misericórdia. Ao abraçar voluntariamente esse estado de vida, o sacerdote deve saber que não lhe é imposto um fardo, mas oferecida uma graça libertadora.

O celibato, plenitude de amor

Mas que motivos tem a Igreja latina para unir ao sacerdócio este dom do celibato?, perguntam-me também. Muitos.

O celibato é um sinal escatológico. É um sinal de que o mundo só pode ser salvo pelo espírito das bem-aventuranças.

É um carisma pessoal com profunda dimensão eclesial; faz do sacerdote um homem «para os outros», sem exclusivismos egoístas, aberto a todos os que precisam dele.

---

(1) João Paulo II, *Carta aos sacerdotes*, Quinta-feira Santa de 1979, n. 8.

Permite-lhe ser simultaneamente pai e mãe de todos, gerando-os para a vida eterna, pois todos são como filhos da sua entrega, da sua magnanimidade e dos seus desvelos de bom pastor. «É bom dar glória a Deus sem tomar antecipações – mulher, filhos, honras... – dessa glória de que gozaremos plenamente com Ele na Vida...

«Além disso, Ele é generoso... Dá cem por um; e isso é verdade, mesmo nos filhos. – Muitos se privam deles pela glória de Deus, e têm milhares de filhos do seu espírito. – Filhos, como nós o somos do nosso Pai que está nos Céus»[2].

É evidente que a opção pelo celibato não dificulta, antes pressupõe e estimula um são desenvolvimento da afetividade para que o sacerdote possa viver a singular capacidade de amar a que foi chamado e ultrapassar o infantilismo que o faria estar continuamente à busca de simpatias, de companhia física, de carinhos e ternuras. *Adulto no amor divino e no amor humano*, o sacerdote sabe como expandir a sua afetividade pelo resto da vida. Por ser solteiro, não é um ser mutilado, incompleto: tem a plenitude que lhe dá o próprio Cristo, já que se deixou conquistar inteiramente por Ele e vive só para Ele, num amor virginal que o convida a possuir Deus de uma maneira cada dia mais plena e absoluta. E a irradiá-lo.

Seria absurdo considerar a castidade como simples continência sexual. É plenitude de amor. Traz consigo

---

(2) *Caminho*, n. 779.

a necessidade de renovar-se na gozosa renúncia de si mesmo, superando a monotonia de uma vida aparentemente igual e vencendo as resistências da carne, sempre inclinada à matéria de que está constituída.

Também é preciso desfazer a crença de que o celibato é uma instituição eclesiástica imposta por lei. O Papa João Paulo II trata longamente deste ponto na sua Carta da Quinta-feira Santa de 1979. Recorda que os que receberam esse sacramento aceitaram o celibato com plena consciência e liberdade, depois de uma preparação de muitos anos, de profunda reflexão e assídua oração. Só depois de estarem plenamente convencidos de que Cristo lhes concedeu esse dom é que tomam a decisão de permanecer solteiros por toda a vida. Não se sentem obrigados por uma mera lei eclesiástica, mas por um compromisso de fidelidade à palavra dada ao próprio Cristo e à comunidade eclesial.

Esta fidelidade torna-se um dever e é uma manifestação de maturidade interior, bem como uma expressão de dignidade pessoal, sobretudo porque esse compromisso é posto à prova e se vê exposto a tentações ou encontra dificuldades. A vida de qualquer homem é um caminho eriçado de dificuldades e é um período de prova para todos. Os próprios esposos – recorda o Papa – têm as suas «provas de fogo», que calibram a autenticidade do seu amor; e têm o direito de esperar do sacerdote que não só lhes diga que têm de continuar a ser fiéis até à morte, mas lhes mostre alguma coisa mais do que simples palavras: o bom exemplo e o testemunho de uma fidelidade para sempre.

Os recursos do amor

Não faltam os que pensam que somente pessoas «estranhas», insensíveis, pouco humanas, anormais, é que suportam a prova de uma castidade vitalícia.

Já vimos que a castidade não implica falta de amor, antes pelo contrário, exige-o; nem é sinônimo de anormalidade, tanto para os que recebem este dom como preparação necessária para o sacerdócio quanto para os simples cristãos que, sem deixarem de sê-lo, são chamados por Deus a um celibato apostólico, numa dedicação plena a serviço dos outros.

Ora bem, numa época cheia de atrativos para a sensualidade, permeada de erotismo e fervorosa cultivadora do hedonismo – insistem em perguntar-nos –, será possível viver essa castidade que exige que se conserve sem mancha um celibato voluntário? Com que recursos se pode contar para consegui-lo? A resposta advém de uma madura experiência ao longo de centenas e centenas de anos e de muitíssimos milhares de fiéis sacerdotes, religiosos e simples leigos.

Antes de mais nada, a própria vocação divina é couraça protetora de incalculável poder: Deus prepara pessoalmente os seus escolhidos e lhes dá as graças convenientes para que possam cumprir a missão que lhes confia. A palavra de Deus não falha: *Fiel é Deus, que não permitirá que sejais tentados acima das vossas forças* (1 Cor 10, 12).

Por outro lado, a própria razão que conduz à pureza – uma caridade com anelos de entrega incondicional a Cristo e à sua Igreja – é poderosíssima força pessoal e operativa que sustenta a fidelidade a partir de dentro. O celibato sem amor, esse sim, torna-se insustentável, mais cedo ou mais tarde.

Este amor acha na oração o meio de manter habitualmente com Cristo um encontro vital que quebra a solidão da alma. Sem essa vida interior, é impossível resistir. E há ainda os sacramentos, tanto o da Penitência e o da Eucaristia, que são sacramentos de reconciliação e de união, como também o da Ordem e o do Matrimônio, que conferem a força necessária para cumprir o que cada estado amorosamente exige.

É importante também a maturidade afetiva, psíquica e intelectual que nos permite o domínio sobre nós mesmos. É preciso ter uma vontade rija e forte, que saiba cortar pela raiz as ocasiões, e uma atitude sem complexos e cheia de naturalidade, sem repressões angustiosas, que leve a superar essa «adolescência permanente» que é a causa de inúmeros conflitos. E é preciso um espírito de luta vibrante, já que a castidade que salvaguarda o celibato não pode ser adquirida de uma vez para sempre, mas é o resultado de uma conquista laboriosa e de uma afirmação cotidiana.

É ainda indispensável a prática habitual de algumas virtudes: a humildade, para reconhecer que – como aquela estátua colossal de Nabucodonosor – temos os pés de barro; o espírito de mortificação, que leva à temperança, à sobriedade, à luta contra o comodismo, ao domínio dos apetites; a diligência em aproveitar o tempo, já que, quando não se tem um trabalho habitualmente intenso, as dificuldades nascem por si, por entre as névoas de uma imaginação desocupada.

A prudência e a sinceridade com o diretor espiritual, que são consequência da humildade, fazem com que não se busquem razões para justificar os erros nem motivos de caridade para encobrir a concupiscência; que não se escreva essa carta desnecessária ou se mantenha essa conversa que pode converter-se em armadilha. É imprescindível que a verdade não forme um charco dentro de nós, que se fale claramente na Confissão sacramental e na direção espiritual, para evitar tergiversações e extirpar o menor foco de corrupção na alma. Se a água corre, mantém-se sempre límpida.

A caridade e a fraternidade, o dar e receber amizade e companhia daqueles que partilham do mesmo ideal são também um grande remédio para a solidão que, de outro modo, acabaria por encerrar-nos em nós mesmos, isolando-nos ao ponto de pôr em perigo grave a nossa fidelidade.

E por fim devemos contar com a ajuda da Virgem Maria que, por ser a «Mãe do Amor formoso, aquietará o teu coração, quando te fizer sentir que é de carne, se recorres a Ela com confiança»[3].

A castidade exigida pelo celibato é, definitivamente, uma belíssima virtude, totalmente acessível e plenamente possível. É verdade que nunca se poderá considerá-la como um estado adquirido, pois não consiste numa simples renúncia. Pode e deve renovar-se cada dia, como afirmação de amor e manifestação permanente de fidelidade que é. Não se trata tanto de evitar as quedas, mas de afirmar a castidade, de cultivar a presença de Deus e a caridade, de viver de amor, se se quer ser fiel: os homens esperam que lhes ofereçamos o testemunho de uma vida que, por ser enamorada, é limpa; que lhes ofereçamos a imagem de Cristo para que os inflame e arraste, ou pelo menos lhes sirva de censura afetuosa e de estímulo, para que um dia possam reagir e deter o adormecimento das suas consciências.

---

(3) *Ibidem*, n. 504.

Fidelidade no pequeno

Deus compraz-se sempre na pessoa fiel, ensina o Espírito Santo (Pr 12, 22). O «orgulho» de Deus Pai reside na fidelidade dos seus filhos. Ao longo da Sagrada Escritura, adivinhamos como o Senhor sorri ao apresentar-nos esses personagens já tão conhecidos que, apesar dos seus tropeços, souberam ser-lhe fiéis: Abraão, amigo de Deus; Moisés, Josué, Davi; os Profetas maiores e menores; Pedro e Paulo, bem como os demais Apóstolos; os santos da história bimilenária da Igreja; e tantos ocultos protagonistas do heroísmo, de uma fidelidade escondida mas fecunda. E, mais uma vez, os modelos inefáveis de Maria e José.

A Epístola aos Hebreus (11, 1) diz-nos que *a fé é garantia do que se espera e prova das coisas que não se veem*. Pela fé, os antigos adquiriram grandes nomes: Abel, quando oferecia a Deus sacrifícios excelentes; Henoc, que sem morrer foi levado para o céu por ter agradado a Deus; Noé, feito herdeiro da justiça por ter sido fiel;

Abraão, de quem Javé não se envergonhou de chamar--se seu Deus; Moisés, que se recusou a ser chamado filho da filha do Faraó, preferindo ser afligido junto do povo de Deus a desfrutar das vantagens passageiras do pecado. *E que mais direi?*, continua a Epístola. *Porque me faltaria tempo para falar de Gedeão, de Barac, de Sansão, de Jefté, de Davi, de Samuel, dos Profetas, os quais pela fé* – quer dizer, pela fidelidade à fé – *subjugaram reinos, exerceram a justiça, alcançaram as promessas, obstruíram as bocas dos leões, extinguiram a violência do fogo, escaparam ao fio da espada, convalesceram da doença, fizeram-se fortes na guerra, desbarataram os acampamentos estrangeiros. As mulheres receberam os seus mortos ressuscitados; outros foram submetidos a tormentos, recusando a liberdade para alcançar uma ressurreição melhor; outros suportaram irrisões e açoites, mais ainda, correntes e prisões; foram apedrejados, tentados, serrados, morreram sob o fio da espada, andaram errantes, cobertos de peles de ovelha e de cabra, necessitados, atribulados, maltratados; esses de quem o mundo não era digno...* (Hb 11, 32-38).

É como se nestas linhas o Senhor quisesse mostrar a fidelidade dos seus filhos com a satisfação com que uma mãe mostra as melhores qualidades dos dela, como que querendo dizer-nos: olha-os, admira-os e atreve-te a imitá-los; também Eu quero sentir-me orgulhoso de ti, como do fidelíssimo Jo: *Reparaste no meu servo Jó, que não há ninguém como ele sobre a terra, homem íntegro, justo, temeroso de Deus e alheado do mal?* (Jó 1, 3).

O Senhor compraz-se na integridade dos seus filhos e exorta-os a continuar assim: *Sê fiel até à morte e eu te darei a coroa da vida* (Ap 2, 10).

A fidelidade, virtude acessível

Alguém dirá no seu íntimo: aqui se fala de homens superiores, de verdadeiros gigantes da santidade. Não é fácil chegar a essas alturas, imobilizados como estamos pelos nossos defeitos, submetidos aos altos e baixos de uma vida frágil e mutável.

Alegro-me de poder responder que esta fidelidade não se compõe de façanhas encomiáveis, que interessam às câmeras de televisão e aos historiadores. Poderia responder com Moisés, quando anuncia aos homens do seu povo as promessas da Redenção, dizendo-lhes que Javé se comprazerá neles se escutarem a sua voz, guardarem fielmente os seus preceitos e retornarem a Ele de todo o coração; explicando-lhes a seguir que não se trata de comprometer-se a coisas espetaculares: *Pois esta lei que hoje te prescrevo não é demasiado difícil para ti nem está fora do teu alcance. Não está situada no alto dos céus, de sorte que digas: Quem de nós poderá subir ao céu, para que no-la traga e a ouçamos e a ponhamos em prática? Nem está situada do outro lado do mar, para que te desculpes e digas: Quem de nós poderá atravessar os mares e no-la trazer de lá, para que possamos ouvi-la e fazer o que nos manda? Antes a palavra está muito perto de ti: está na tua boca e no teu coração, para que a cumpras* (Dt 30, 11-14).

A fidelidade que Deus reclama dos homens tem a nossa medida e os nossos limites. Não consiste em realizar tarefas impossíveis, próprias de privilegiados, nem grandes feitos, que poucas vezes se apresentam na vida dos homens correntes. Sendo uma virtude absolutamente necessária – pois dela pode depender a salvação –, não pode deixar de ser acessível. É antes uma vontade decidida de amar através das pequenas obras de qualquer existência. Diz-se que uma pessoa sabe amar quando o seu amor se traduz em detalhes; e que é fiel quem chega ao pormenor *delicado* na sua dedicação a alguma coisa ou a alguém.

O valor sobrenatural das pequenas coisas

O próprio Jesus Cristo nos esclarece as suas exigências em diversas passagens da Sagrada Escritura. A parábola das virgens prudentes, a dos talentos, a especificação das obras de caridade e de misericórdia mostram um matiz comum nas exigências do Senhor: Ele nos pede que sejamos fiéis naquilo que está ao nosso alcance. Se alguns perderam a batalha, foi precisamente por não terem cuidado do que parecia não ter importância.

Dez foram as virgens convidadas ao cortejo nupcial, como dignas acompanhantes da esposa com suas vestes brancas. Apenas deviam ter o azeite suficiente para conservar acesas as suas lâmpadas. Prevendo que o esposo podia tardar, as virgens prudentes levaram um suplemento de combustível em vasilhames à parte, mas as outras, avoadas, não tomaram a mesma precaução. Pouca importância tinha que, em certo momento, todas dormissem; mas, ao acordarem, bastou às primeiras voltarem a encher as suas lâmpadas, ao passo que as outras, as «néscias», já não chegaram a tempo. Enquanto saem à busca de azeite, fecham-lhes a porta. «Senhor, senhor, abre-nos!» Mas, por uma coisa muito pequena, por um pouco mais de azeite em outro vasilhame, escutam doloridas: *Não vos conheço.*

Antes de ausentar-se, um homem dá o seu dinheiro a três servos para que o façam render. Dois deles, com esforço e trabalho, duplicam o que receberam. Pouca importância tem que um devolva quatro talentos e o outro dez; ambos corresponderam à confiança neles depositada. Mas aquele que recebeu um talento escondeu-o por covardia ou comodismo. Ter-lhe-ia bastado, diz o Senhor, pô-lo a render num banco, mas não o fez. E é lançado às trevas exteriores, enquanto os primeiros ouvem o convite: *Porque foste fiel no pouco, eu te confiarei o muito: entra no gozo do teu Senhor* (Mt 25, 21).

É dramática a cena do Juízo final. Cristo chega na sua glória, acompanhado por todos os anjos, e reúne na sua presença as nações. Dado o ar solene da cerimônia, poderia pensar-se que vai mencionar os que praticaram feitos extraordinários. Mas não. O Juiz divino começa a enumerar as manifestações mais simples do amor: *Tive fome e me destes de comer; tive sede e me destes de beber; peregrinei e me acolhestes; estava nu e me vestistes, doente e me visitastes...* (Mt 25, 34-36). São detalhes ao alcance de todos, porque esse Cristo indigente nunca esteve longe de nenhum de nós: *De cada vez que o fizestes a um destes meus irmãos mais pequenos, a mim o fizestes. Portanto, ide para a vida eterna que vos está preparada* (Mt 25, 40). Não era necessário atravessarmos o mundo para encontrar o Senhor: o rosto do pobre mais próximo ou o visitante fugaz escondiam na sua carne a pessoa de Cristo. Bastava termos sido generosos com eles. Uma vez mais, é a caridade vivida nas situações corriqueiras de cada dia.

E a esses podemos acrescentar ainda muitos outros textos do Evangelho para descobrir a relação entre a fidelidade nos pequenos gestos e a grande felicidade. São os pequenos pormenores que rodeiam a contrição profunda de Maria de Magdala (Lc 7, 35); é a singela declaração de amor doído com que o Apóstolo Pedro repara a sua tríplice negação: *Senhor, tu sabes tudo, tu sabes que eu te amo* (Jo 21, 17); é uma única frase, uma belíssima prece do ladrão crucificado com Cristo: *Senhor, lembra-te de mim quando chegares ao teu Reino*, que faz o Senhor exclamar: *Em verdade te digo, hoje estarás comigo no Paraíso* (Lc 23, 43); é a enorme eficácia da obediência de Pedro na primeira pesca: *Mestre, esti-*

vemos trabalhando durante toda a noite e nada pescamos; mas, porque tu o dizes, lançarei as redes (Lc 5, 5), que depois se rompiam por causa do peso; é a esplêndida generosidade de um rapaz com seus cinco pães de cevada e dois peixes, que põe à disposição de Jesus e que alimentam uma multidão de quase dez mil pessoas; é a pequeníssima esmola da viúva pobre, dois ceitis, que fazem brilhar de contentamento o rosto do Mestre: *Em verdade vos digo que esta pobre viúva lançou mais do que todos os outros, porque os demais lançaram para as oferendas de Deus daquilo que lhes sobrava, ao passo que esta deu da sua indigência tudo o que tinha para o seu sustento* (Lc 21, 3-4).

O importante não é a ação, mas o modo de praticá-la e o amor que a inspira.

O entrançado das pequenas coisas

A oportunidade de realizar grandes feitos apresenta-se muito poucas vezes na vida. Pelo contrário, as coisas pequenas são tão frequentes e constantes que a fidelidade em cumpri-las é quase heroica. É necessária atenção permanente, espírito de sacrifício, generosidade de coração. É possível que um só detalhe não tenha transcendência: «O que é pequeno, pequeno é; mas aquele que é fiel no pequeno, esse é grande», diz Santo Agostinho.

Acontece, além disso, que todas as coisas grandes da vida se compõem de insignificâncias, como as grandes massas se compõem de átomos imperceptíveis. Todas as virtudes são um entrançado de detalhes de amor. O grande preceito da caridade consiste num sorriso, em serviços diminutos, no silêncio compreensivo, na oração silenciosa, na paciência, na atenção com que se escutam os outros.

A piedade para com Deus forja-se através de momentos de recolhimento, por meio de breves jaculatórias, de uma genuflexão bem feita, de um pouco mais de atenção nas nossas preces, do esmero com que observamos as normas da liturgia.

O espírito de sacrifício, que nos faz corredentores, alicerça-se nas insignificantes cruzes cotidianas oferecidas a Deus com carinho: no trabalho bem feito, na sobriedade nas refeições, na guarda da vista com naturalidade, na palavra inoportuna que se cala, no sorriso diante de uma situação mortificante, na pontualidade nos encontros, na correção aos filhos feita com paciência e afabilidade, em não falar constantemente de nós mesmos, em não nos queixarmos do calor ou do frio...

Uma casa tem sabor de lar precisamente porque nela se cuida dos detalhes: do jarrão de rosas frescas, de uma refeição servida pontualmente, de cardápios variados que procuram atender aos gostos de grandes e pequenos, de uma porta que se fecha com delicadeza, do silêncio enquanto os outros descansam...

Não se trata de fazer um código interminável de indicações, que poderiam converter-se em letra morta se lhes faltasse amor. Como os fariseus, acabaríamos por cair no orgulho de pagar o dízimo da menta e do cominho, enquanto descuidamos o mais essencial, como a justiça, a caridade, o trabalho. Com a fidelidade às coisas pequenas, não se pretende cobrir o expediente: elas são o ponto final, a culminância daquilo que, sendo bom, sem *esse* detalhe ficaria inacabado ou mutilado.

O cuidado com os pormenores vai exercitando a vontade e acostumando a mente, constituindo-se num magnífico treino e numa fonte de costumes bons. Quem se habitua a cuidar do que é pequeno não fracassará quando chegar o que é grande: *Quem é fiel no pouco, também o é no muito* (Lc 16, 10). Pelo contrário, *aquele que despreza as coisas pequenas, pouco a pouco se arruinará* (Ecl 19, 1).

Trata-se de encontrar a felicidade que reside no caminho fiel, de percorrê-lo sem ruído, dia após dia, na juventude e na velhice, passo a passo. Convencidos de que não existem grandes homens, mas grandes desafios. E o maior é o da fidelidade: à vocação recebida de Deus, à verdade, à Igreja, à família, ao trabalho – sem decaimento.

Virgem fiel, rogai por nós

Jesus Cristo nos quer fiéis, e a ajuda de sua Mãe – *Virgo fidelis* – nos é imprescindível. Ele a deixou para nós, como nossa Mãe. Queremos invocá-la uma vez mais para que, sob a sua proteção, saibamos ser fiéis, como Ela.

Fiéis à vida da Graça para respeitar sempre esse templo do Espírito Santo que somos cada um de nós.

Fiéis à vocação pessoal, para viver de acordo com a chamada do Senhor e ser testemunhas da presença de Jesus Cristo entre os homens.

Fiéis à Verdade, para procurá-la com afinco, abraçá-la com fervor e defendê-la com entusiasmo.

Fiéis aos preceitos divinos, para caminhar com segurança pela senda do amor a Deus e aos homens.

Fiéis às exigências da conduta moral, definidas pela Igreja.

Fiéis à esperança, para que com esta virtude o mundo recupere o otimismo.

Fiéis ao que é «pequeno», para que por meio de muitos «poucos» cheguemos à Glória final.

Minha Mãe: tu nos conheces bem. Deveríamos ser fortes e somos fracos, dar luz e semeamos trevas, causar alegria e provocamos tristezas, ser sacrificados e só procuramos prazer, distribuir amor e cobrimos as suas brasas vivas com cinzas de tibieza. Invoco-te, Rainha do Universo, para que nos inflames em desejos de fidelidade. Intercede por nós, Virgem fiel, para que nunca nos desviemos do caminho que leva à casa do Pai. Sê tu o nosso esteio e a nossa esperança. Mostra-nos o teu sorriso, para que seja a estrela da manhã, que nos guie para a meta da felicidade pela fidelidade.

Direção geral
Renata Ferlin Sugai

Direção editorial
Hugo Langone

Produção editorial
Gabriela Haeitmann
Juliana Amato
Ronaldo Vasconcelos

Capa
Gabriela Haeitmann

Diagramação
Sérgio Ramalho

ESTE LIVRO ACABOU DE SE IMPRIMIR
A 16 DE JULHO DE 2022,
EM PAPEL PÓLEN BOLD 90 g/m².